ICH BIN DAS VOLK

Leopoldine Evelyne Kwas

ICH BIN DAS VOLK

edition a

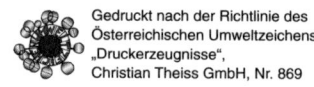

Gedruckt nach der Richtlinie des
Österreichischen Umweltzeichens
„Druckerzeugnisse",
Christian Theiss GmbH, Nr. 869

MIX
Papier aus verantwor-
tungsvollen Quellen
FSC® C012536

Leopoldine Evelyne Kwas:
Ich bin das Volk

Cover: JaeHee Lee
Gestaltung: Lucas Reisigl

Gesetzt in der Premiera
Gedruckt in Österreich

2 3 4 5 6 — 20 19 18 17

ISBN 978-3-99001-242-0

Weil ich euch liebe

Inhalt

Die Suppe geht über

Es hätte ein schöner Tag für mich werden sollen. Ich hatte mir vorgenommen, an diesem Vormittag ausnahmsweise nicht in meinen Laden zu gehen. Ich wollte mir selbst ein paar gute Stunden gönnen. In solchen Fällen steht Kochen ganz weit oben auf meiner persönlichen To-do-Liste.

Eine Freundin hatte mir ein Kochbuch voll mit bodenständigen Gerichten geschenkt. Es sollte eine Kartoffelsuppe nach Wiener Art werden. In der Luft lagen schon die Aromen der frischen Kräuter. Dazu würde ich selbst Brot backen.

Beim Kartoffelschälen schaltete ich den Fernseher an und landete bei einer Live-Übertragung des ORF aus dem österreichischen Parlament. Sie, meine Damen und Herren in der Politik, hatten sich ein paar Tage zuvor auf Neuwahlen geeinigt und nun ging es um die Form der Zusammenarbeit in den nächsten Wochen. Probleme zu lösen gab es in unserem Land ja genug.

Ich drehte den Ton etwas lauter, um nichts zu verpassen, während ich meine Zutaten wusch. Eigentlich hätte ich einen konstruktiven Dialog erwartet. Stattdessen hörte ich immer lautere Auseinandersetzungen. Ich spürte, wie mich diese merkwürdige Dynamik erfasste. Wo, verdammt noch einmal, war dieser blöde Kochtopf bloß wieder?

Genervt durchstöberte ich meine Küchenschränke, während Sie sich im Parlament gegenseitig als Versager beschimpften. Irgendwie hieß das ja wohl, dass wir, die wir diese Versager gewählt haben, auch Versager waren.

Es war kaum auszuhalten, wie Sie sich auslachten und beschimpften. Hätte es sich um ein Theaterstück gehandelt, wäre das nicht gar so tragisch gewesen. Dann hätte ich am Ende mein Eintrittsgeld zurück verlangt, und fertig. Doch hier standen Sie auf der Bühne, die Spitzen der Bundesregierung und der Großteil der Abgeordneten zum Nationalrat. Es war Ihnen offensichtlich egal, dass Sie Ihr mieses Stück vor laufenden Kameras inszenierten. Sie äfften einander sogar nach. Einer von Ihnen verwendete das Wort »Schmierentheater«. Es kam mir vor, als würden die Kameras Sie erst recht zu Bosheiten animieren. Als seien Gemeinheit und Niedertracht die Maßstäbe für die Qualität Ihrer Politik.

Mir wurden Ihre erhitzten Gesichter zu viel und ich drehte den Fernseher ab. Lasst mich doch in Ruhe, dachte ich. Wenn es heute überhaupt noch etwas werden sollte mit meiner Suppe, dann sollte ich mich jetzt besser aufs Kochen konzentrieren. Doch es gelang mir nicht so recht.

Ich fragte mich, wem Sie mit solchen Stücken imponieren wollen. Wem helfen Sie damit? Während Sie als Bestverdiener einander verbale Ohrfeigen verpassen, nehmen viele betrübliche Schicksale in diesem Land ihren Lauf, die so nicht sein müssten.

Haben Sie an diesem Tag zum Beispiel auch nur einen einzigen Job für einen einzigen jungen Menschen geschaffen? Das wäre doch eigentlich eine Ihrer Aufgaben, oder nicht? Und was ist mit denen, die morgen einen dringenden Arzttermin haben und schon heute wissen, dass sie schwarzfahren müssen, weil sie sich die Fahrkarte nicht mehr leisten können?

Wem haben Sie, die wir in die hohen Ämter gewählt haben, heute geholfen? Wem haben Sie das Leben erleichtert? Wie haben Sie sich heute für uns eingesetzt, damit wir in diesen schwierigen Zeiten auf Besserung hoffen können?

Meine Gedanken schwappten mitsamt der Suppe über, in der ich mittlerweile zu heftig rührte. Rauch und der Geruch von Verbranntem stiegen auf. Ich kann lüften und frischen Wind hereinlassen, dachte ich, während ich das Küchenfenster öffnete. Aber Sie, die feinen Damen und Herren in den guten Kleidern? Wann lassen Sie den frischen Wind, den Sie vor Wahlen so gerne beschwören, endlich wirklich einmal ins Land? Wann gedenken Sie, endlich wirklich einmal für uns da zu sein?

Wer bin ich?

Ich bin das Volk. Ich bin irgendeine Wählerin. Ich bin diejenige, die Sie, meine Damen und Herren in der Politik, fragen, ob ich Ihnen vertrauen möchte. Ich bin diejenige, für die Sie Ihre Parteiprogramme schreiben. Ich bin die Stimme, um die Sie in Ihren Wahlkämpfen buhlen. Ich bin die Person, die den Kugelschreiber, die Kappe, die Autogrammkarte oder den roten Apfel bekommt.

Sie wollen meinen Beifall, mein wohlwollendes Nicken, Sie schütteln gerne meine Hand und sehen mir dabei professionell in die Augen. Sie versuchen, mir die Worte aus dem Mund zu nehmen. Oft, indem Sie über andere schimpfen. Sie wollen mir damit klar machen, dass Sie meine Anliegen kennen und dass Sie genau für diese Anliegen bis ans Ende Ihrer politischen Tage kämpfen werden, weil es ja auch die Ihren sind.

Ich bin die, der Sie sich vorstellen als die Retter meines Haushaltsbudgets, der abstürzenden Mittelschicht, der Umwelt, der Außenseiter und von allem, das ich sonst noch gerettet haben möchte.

Ich bin die, der Sie gerne erzählen, Sie wüssten ganz genau, wie es da unten ist bei uns, dem Volk. Wie es sich anfühlt, kämpfen zu müssen. Ich brauche Sie bloß zu wählen, dann wird alles gut. Und wissen Sie was? Es funktioniert sogar. Bei jeder Wahl tue ich, worauf Sie so scharf sind wie Nachbars Lumpi auf den neuen Postler. Ich mache in der Wahlzelle mein Kreuzchen für einen von Ihnen.

Ich bin auch diejenige, die mit ihren Steuern Ihre Limousinen bezahlt, deren Felgen wahrscheinlich mehr kosten, als ich jemals in einem Monat verdient habe. Ich bin diejenige, die Ihre Gehälter bezahlt und damit für das Wohlergehen Ihrer Familien sorgt. Ich bin diejenige, die damals Ihre Schulbildung und Ihr Studium mitfinanziert hat, damit Sie jetzt, als Politiker, für mich da sein können. So etwas Ähnliches haben Sie ja auch bei Ihrer Angelobung versprochen, oder nicht? Für mich da zu sein.

Gut, Sie haben dieses Versprechen bisher nicht gehalten. Aber dann, vor der Wahl, haben Sie wieder einmal wirklich alles getan, um mich von Ihren Qualitäten als Führungspersönlichkeiten zu überzeugen. Also denke ich jedes Mal in der Wahlzelle: Lassen Sie uns nach vorne blicken. Schwamm drüber, was die Vergangenheit betrifft. Genauso, wie Sie das von mir erwarten.

Ich bin aber auch diejenige, die nach jeder Wahl noch frustrierter ist als davor, und die sich dann immer zwei Fragen stellt:

Geht es mir am Ende doch nicht so gut, wie Sie es mir vor der Wahl eingeredet haben?

Kann die schöne Zukunft, die Sie mir ausgemalt haben, mit Ihnen an der Macht vielleicht doch nicht Realität werden?

Warum zum Beispiel ist mein Gefühl von Wohlstand und Sicherheit soweit aus meinem Alltag verschwunden, dass ich es nur noch mit meiner Jugend in Verbindung bringe? Warum ist es Nostalgie geworden, ein »Damals-Gefühl« aus den 1970er-, 1980er- und auch noch den 1990er-Jahren?

Dann denke ich: Sie sehen und hören uns nicht, weil Sie uns gar nicht sehen und hören wollen. Irgendjemand muss Sie aufwecken. Irgendjemand muss Ihnen sagen, was wirklich los ist in diesem Land.

Genau das werde ich jetzt tun.

Armut, die Sie nicht sehen

Vergangenen Winter hatte ich auf einem Weihnachts-
markt eine schmerzliche Begegnung. Eine schmächti-
ge alte Frau mit faltigem Gesicht sah mich lieb an und
zeigte auf den Kartoffelpuffer in meiner Hand, den ich
mir geleistet und von dem ich schon abgebissen hatte.

Sie war keineswegs eine verkommene Alte, wie Sie
jetzt vielleicht denken, eine, die wegen Trunksucht
oder einer psychischen Erkrankung aus den sozialen
Netzen gefallen ist. Sie war alles andere als eine typi-
sche Schnorrerin. Sie sah aus, wie vielleicht auch meine Mutter ausgesehen hätte, wenn sie nicht schon in
jungen Jahren gestorben wäre. Sie war einfach eine betagte Österreicherin, zurückhaltend und etwas betre-
ten. Eine betagte Österreicherin, die Hunger hatte.

Natürlich gab ich ihr meinen Kartoffelpuffer und
natürlich lief ich und kaufte ihr noch einen zweiten,
obwohl ich ehrlich gesagt auch ein bisschen aufs Geld
schauen muss. Sie bedankte sich höflich und zog sich
zurück, um ihre Mahlzeit zu genießen.

Wann, meine Damen und Herren, sind Ihnen das letzte Mal
die Tränen in die Augen gestiegen, weil Sie erkannt haben, wie
bitter es für manche ist, ihr Leben in unserem Land fristen zu
müssen?

Ach ja, ich vergaß. Die Bettler gehören ja alle organisierten Banden an, die in Wahrheit in Schlössern wohnen und sich nur deswegen arm stellen, weil sie einfach faul sind.

Ich weiß.

Österreich war einmal so reich. Hier herrschten einmal nahezu amerikanische Verhältnisse. Vom Tellerwäscher zum Fabrikanten oder von der Stewardess zur Spitzenmanagerin. Solche Aussichten machten das Leben lebenswert. Dass die Wenigsten je so weit kamen, machte gar nichts. Alleine das Wissen um die Möglichkeit, mit Fleiß, Mut und guten Ideen alles erreichen zu können, schuf dieses Gefühl, ein vollwertiger Mensch zu sein.

Österreich war einmal so stark. Wir waren ein humorvolles und geeintes Volk mit pausbackigem Nachwuchs, das sich Zeit für seine Traditionen nahm. Die Alten mussten uns damals nicht verschämt um einen Bissen bitten. Wir hatten Respekt vor ihnen. Wir hörten auf sie, wenn sie uns vom Krieg erzählten und uns warnten. Wir standen in der Straßenbahn und im Bus auf, wenn einer von ihnen einstieg.

Auch damals ging es nicht allen gut, wenden Sie jetzt wahrscheinlich ein. Auch damals gab es Bettler. Doch damals fühlte sich das mit den Armen noch anders an.

Ich wuchs in einem Wiener Gemeindebau mit dem dort typischen dörflichen Charakter auf. Jeder kannte jeden, ob wir wollten oder nicht. Bestimmte Menschen sorgten beharrlich dafür, dass alle mit den neuesten Informationen über alle anderen versorgt waren. So wussten wir dann zum Beispiel, dass auf Stiege 4, Tür 2, eine alte und anscheinend ärmliche Frau eingezogen war. Also schickte die Gemeindebaugemeinschaft eine von den Frauen vor, um in einem freundlichen Gespräch die Lage zu sondieren. Mindestens zwei Mal die Woche brachte in der Folge jemand warmes Essen zu der alten Frau, und dies höchst diskret. Die Erwachsenen achteten darauf, ob sie die Vorhänge regelmäßig auf- und zuzog, und wir Kinder waren angehalten, ihr den Einkauf heim zu tragen, wenn wir sie auf der Straße trafen.

Und heute? Wenn uns jemand um Hilfe bittet, müssen sich viele von uns beschämt abwenden, weil sie selber nicht wissen, wie sie mit ihrem Haushaltsbudget auskommen sollen.

Ich übertreibe? Wenn Sie in Ihren Limousinen an uns vorbeirauschen, fällt Ihnen das nicht auf. Denn vielen von uns sehen Sie die Armut nicht an, meine Damen und Herren. Sie können nicht auf den ersten Blick erkennen, in welcher Sackgasse jemand steckt und wie viele Sorgen er hat.

Jüngst hat mir eine Frau erzählt, dass sie bereits seit einem halben Jahr ohne Strom lebt, weil sie ihn sich nicht mehr leisten kann. Niemals hätte ich vermutet, dass sie in so einer traurigen Situation ist, denn sie war sauber gekleidet und frisiert.

Sie zeigte mir ein kleines Stofftier, das sie verbilligt bei einem Diskonter gekauft hatte. Sie hatte keine zwei Euro dafür bezahlt, für sie ein Betrag von Bedeutung, doch sie hatte einfach nicht widerstehen können, ihrem neugeborenen Enkelkind ein Geschenk mitzubringen. Ich sah ihr an, wie sie die Bescheidenheit dieses Geschenkes grämte, aber sie hielt sich tapfer.

Ich fragte sie, wie sie in der Nacht ohne Licht das Klo findet, denn sie fuhr einen Rollator, mit dem das wahrscheinlich besonders schwierig war. Sie meinte, es wäre witzig, dass ich darauf zu sprechen komme, weil sie erst dieser Tage eine Lösung für dieses Problem gefunden habe.

Jeden Abend vor Einbruch der Dunkelheit würde sie einen Wollfaden vom Bett zur Toilettentür spannen, so straff wie möglich. An dem Faden würde sie sich dann entlangtasten. Das funktioniere prima.

Ich wollte nicht, dass sie sich bloßgestellt fühlt. Deshalb habe ich nicht gefragt, ob sie nicht wenigstens die Mindestsicherung bezieht, oder was sie sonst an Einnahmen und Ausgaben hat. Es gab bestimmt gute Gründe, wieso sie sogar auf den Strom verzichten musste und ihr Leben diesen Lauf genommen hat.

Sie wirkte, zumindest im Rahmen unseres Gespräches, gefasst. Ihr Schicksal bejammerte sie nicht, und das möchte ich ihr zuliebe hier auch nicht tun. Doch wenn ich daran denke, dass Sie, meine Damen und Herren, vor jeder Wahl auch hinter ihrer Stimme her sind, dass Sie dann auch ihr einen Kugelschreiber, eine Kappe, einen Apfel oder eine Autogrammkarte mit Ihrem lächelnden Gesicht darauf schenken, dann schäme ich mich, nicht nur für Sie, sondern auch für mich, die einigen von Ihnen mit meiner Stimme zu Ihren Ämtern verholfen hat. Und ich schäme mich dafür, dass ich ihr nicht diskret helfen kann, weil sich das bei mir einfach nicht ausgeht.

Gerade für meine Generation, die einen gewissen Überblick über die jüngere Geschichte hat, ist es grausam zu sehen, was aus uns geworden ist und wie sich Österreich entwickelt hat.

Noch vor wenigen Jahrzehnten hatten wir einen echten Sozialstaat. Es gab ein Anreizsystem, das uns motivierte, im Interesse des Landes zu handeln. Es gab zu wenige Eheschließungen, also kam das Hochzeitsgeld. Es gab zu wenig Bevölkerungszuwachs, also kam das Geburtengeld.

Die damaligen Regierungen gaben uns das Gefühl, dass es uns gut geht im eigenen Land. Die Kollektivverträge garantierten akzeptable Mindestlöhne und alle konnten beruhigt ihrem verdienten Ruhestand entgegensehen. Die Renten waren so gut wie gesichert.

Bruno Kreisky hat die Herzen seiner Wählerschaft erobert mit der Ansage, dass ihm ein paar Milliarden Schulden weniger schlaflose Nächte bereiten würden als ein paar hunderttausend Arbeitslose. Volkswirtschaftlich betrachtet mag diese Aussage fragwürdig sein, aber Kreisky hat damit das vertreten, was sich die Mehrheit gewünscht hat.

Klar, die Manager der verstaatlichten Betriebe haben Geld verschwendet, die damaligen Politiker haben mit Posten geschachert und Fehlentscheidungen getroffen, es gab Missmanagement und es mangelte an Kontrolle und strategischer Weitsicht. Dieses System ist selbstverschuldet und zu Recht untergegangen. Jede Kritik daran ist rückblickend berechtigt. Dennoch stand es für eine Politik, in der es noch um die Menschen ging.

Ich weiß, was Sie jetzt denken. In vielen Ländern ist der Lebensstandard objektiv niedriger als bei uns in Österreich. Darauf weisen Sie gerne hin, nicht wahr? Klar, denn umso mehr wir auf die Not anderer schauen, umso nichtiger erscheinen uns unsere eigenen

Probleme. Aber Statistiken, die sich immer so gestalten lassen, dass alles gut erscheint, machen unser Leben nicht besser.

In Wirklichkeit sind wir schon lange nicht mehr die »Raunzer auf hohem Niveau«, die wir vielleicht einmal waren. Und zwar deswegen nicht, weil das Niveau unserer Lebensqualität in Österreich empfindlich weit gesunken ist.

Sie werden mir vielleicht entgegenhalten, dass Österreich heute objektiv viel reicher ist, als in der Zeit, auf die ich so nostalgisch zurückblicke. Dann frage ich Sie: Welches Österreich meinen Sie?

Ich bin Anfang der 1960er Jahre zur Welt gekommen und ich erinnere mich gerne an die Zeit, in der die besseren Möglichkeiten den niedrigeren Wohlstand bei weitem aufwogen. Wissen Sie, ein entscheidender Punkt fehlt in Ihren Statistiken immer.

Armut fühlt sich für jemanden, der auf dem Weg nach unten ist, ganz anders an als für jemanden, der auf dem Weg nach oben ist.

Nicht die Tausender auf unserem Konto, sondern unsere Aussichten haben uns damals reich gemacht, und wer, wenn nicht Sie, meine Damen und Herren, wäre dafür zuständig, diese Aussichten mit Entschlossenheit wieder herzustellen?

Es kann immer passieren, dass ein Land auch einmal durch magere Zeiten gehen muss, aber doch bitte nicht so, wie es hier im Österreich des Jahres 2017 der Fall ist. Die Industrie zeigt uns die schönsten Produkte, die wir uns nicht mehr kaufen können, oder wenn doch, dann mit Krediten, die wir kaum noch zurückzahlen können.

Rund um die Uhr laufen Kochsendungen, aber immer weniger von uns können mitkochen, weil uns das entsprechende Haushaltsbudget fehlt. Wir haben Zugriff auf tolle Rezepte und bahnbrechende ernährungswissenschaftliche Erkenntnisse, bloß ist das für viele von uns eine andere Welt mit zu hohem Eintrittspreis.

Vor zwei Jahrzehnten war ein schöner Urlaub einmal im Jahr unser Luxus. Heute ist es für viele von uns Luxus, einmal im Jahr richtig schick essen zu gehen.

Einige junge Frauen, die ich von einem früheren Job kenne, luden mich einmal ein, mit ihnen auf die Wiener Mariahilferstraße shoppen zu gehen.

Nun bin ich keine große Einkäuferin, weil ich Menschenansammlungen lieber meide und mein Geld nicht wahllos ausgeben kann.

Haben Sie schon einmal darüber nachgedacht, wie viel ein kleiner Brauner kostet? Ich tue es regelmäßig. Obwohl ich es liebe, im Sommer in Gastgärten zu sitzen, muss ich manchmal vorbei gehen. Auch wenn ein Platz unter einem Sonnenschirm noch so verlockend aussieht. Und falls Sie das lesen und nächstes Mal in einem Ihrer Stammlokale darauf achten, wie viel ein kleiner Brauner kostet: Dort wo ich ihn gerne trinken würde, würde er sogar nur ein Drittel davon kosten.

Daher wusste ich anfangs nicht, wie ich mit der wirklich lieb gemeinten Einladung zum Shoppen umgehen sollte. Eigentlich wollte ich ablehnen. Aber es ehrte mich, dass die Mädels sich in ihrer Freizeit mit mir, der viel Älteren, abgeben wollten, und so sagte ich, wenn auch mit leichtem Bauchweh, dann doch zu.

Wir trafen uns also in der Mariahilferstraße, ein lustiges und buntes Grüppchen, wild entschlossen, uns hier und jetzt die Stadt zu unterwerfen. Lachend betraten wir einen Laden nach dem anderen und schauten uns um. Jedes Mal, wenn wir ein Geschäft verließen und niemand von uns etwas gekauft hatte, atmete ich auf, denn so fiel ich nicht aus der Rolle.

Als aber auch nach Stunden niemand etwas gekauft hatte und trotzdem alle weiterhin bei bester Laune zu sein schienen, wurde ich stutzig. Zu guter Letzt beendeten wir den Tag in einem Lokal, um vor dem Heimfahren noch etwas zu trinken.

Komisch, dachte ich. Keines der Mädels hat etwas gekauft, obwohl wir in richtig trendigen Läden waren, in denen sich für junge Frauen der Modehimmel auftut. Lag es etwa an mir, der Alten, dass sie sich beim Einkaufen gestört gefühlt haben? Dachten sie etwa, ich würde wie Mutti mit verzogenen Mundwinkeln danebenstehen und den Kopf schütteln? Der Gedanke bescherte mir ein flaues Gefühl in der Magengegend.

Dieses Gefühl musste ich loswerden. Und wie es halt meine Art ist, platzte ich gleich damit heraus. »Sagt mal, ihr Lieben, gibt es einen Grund, wieso ihr euch heute nichts gekauft habt?« Ich blickte in die Runde und erntete nur verständnislose Gesichter.

»Was meinst du Evelyne? Wolltest du etwas kaufen?«, fragte eine von ihnen.

Ich versuchte, die Situation zu retten. »Naja, eigentlich nicht.«

Die Mädels jedoch hatten mich durchschaut und klärten mich darüber auf, dass »Shoppen« in ihrem Jargon etwas anderes bedeutet als »Einkaufen«. Wer »shoppt« braucht kein Geld, und zwar deswegen, weil er nichts kauft. Es geht ums Schauen und Probieren. »Shoppen« ist das Einkaufen der Mittellosen.

Nun verstehe ich die Unternehmer in den Innenstädten, die trotz hoher Frequenz über niedrige Umsätze jammern. Ich war bei meinem letzten Job Filialleiterin bei einer Modekette und weiß deshalb aus Erfahrung, dass auch die beste Verkäuferin keine Chance hat, wenn einem Kunden das nötige Geld fehlt.

Die traurige Wahrheit, die sich hinter dieser Geschichte verbirgt, ist nicht nur, dass immer mehr Menschen gerne einkaufen würden und es nicht mehr können. Sie gewöhnen sich bereits daran.

Die Kultur des Mittelstandes verbindet sich derzeit mit einer neuen Kultur der Mittellosigkeit, bei der alle verlieren. Es passiert direkt vor unseren Augen. Und es wird uns allen noch sehr leidtun, wenn wir weiter aus Stolz darüber schweigen.

Es gab immer Menschen, die sich gerne etwas gekauft hätten, das sie sich nicht leisten konnten, meinen Sie? Das sei ein ganz normaler Effekt der Konsumgesellschaft? Ich will Ihnen anhand von zwei Beispielen zeigen, wie falsch Sie schon wieder liegen.

Als erstes Beispiel meine Nachbarn im Jahre 1998. Er, ein kleiner Angestellter bei der Gemeinde, sie stundenweise Reinigungsfrau in einem kleinen Unternehmen. Zwei Kinder.

Ich habe diese Familie nie großspurig erlebt. Sie hatten ein Mittelklasseauto. Einmal im Jahr fuhren alle damit nach Italien. Der Urlaub war drin, wie es so schön heißt. Zwei Wochen bella Italia und gut war es wieder für ein Jahr.

Ich weiß aus sicherer Quelle, dass sie alle ihre Anschaffungen bezahlen konnten. Ein paar Mal im Jahr bekamen alle neue modische Kleidung, nichts richtig Teures, aber immerhin.

Sie gingen nicht großartig aus, aber dafür kamen Freunde zu ihnen, die sie auch bewirten konnten.

Die Eltern zahlten für sich je einen kleinen Bausparer ein und für jedes Kind gab es ein Sparbuch zur Finanzierung des Führerscheins. Daran durfte sich gerne auch die Verwandtschaft beteiligen.

Ansonsten hatten die Kinder alles, was andere auch hatten. Fahrräder, Skateboards und was eben gerade angesagt war. Dazu besaß die ganze Familie eine Saisonkarte fürs Freibad. Jeder Schulbeginn war punkto Anschaffungen gesichert und die Schulmilch für das ganze Jahr war auch kein Thema. Genauso wenig wie diverse Schulausflüge, Schullandwochen und Schikurse. Es ging sich eben aus, wenn auch manchmal mit einem kleinen Schnaufer. Mensch, was willst du mehr?

Leben müssen wir können, auch wenn wir mit dem,

was wir haben, haushalten müssen.

Eine Studie hat gezeigt, dass es die kleinen Freuden sind, die uns glücklich machen. Wenn wir uns ab und zu ohne schlechtes Gewissen eine Kleinigkeit leisten können. Einen neuen Nagellack oder einen schönen Schal. Manchmal eine Flasche Lieblingsbier zur Feier des Tages. Vielleicht auch einmal eine fesche Hose. Die Möglichkeit zu haben, ab und zu mal ein paar Freunde daheim zum Essen und Trinken einzuladen. Ein Eis für die Familie am Sonntag oder ein kleiner Brauner im Kaffeehaus, das reicht schon.

Der kleine Luxus. Wenn wir ihn uns leisten können, ohne jeden Euro dreimal umdrehen zu müssen, geht es uns gut. Zwischendurch Zeiten, in denen wir echt sparen und aus Vernunftgründen auf manches verzichten müssen, sind auch in Ordnung. Aber immer sparen? Ohne Hoffnung auf Veränderung?

Die gleiche Familienkonstellation zwanzig Jahre später.

Ich habe diese zweite Familie vor ungefähr einem Jahr kennengelernt und kann über sie nur sagen: Wirklich nette Leute. Ihr Herkunftsand ist das ehemalige Jugoslawien, aber sie leben seit dem dortigen Krieg hier und sind mittlerweile Österreicher. Alle sprechen fließend Deutsch und wenn ich nicht wüsste, woher sie stammen, würde ich nie vermuten, dass sie nicht schon immer hier gelebt haben.

Er verdient als Bauhelfer monatlich rund 1.200 Euro. Sie geht bei einem kleinen Unternehmen in der Nähe putzen und verdient damit rund 200 Euro dazu. Zweimal Kinderbeihilfe ergeben rund 390 Euro monatlich. Insgesamt lukriert diese vierköpfige Familie also etwa 1.790 Euro monatlich.

So, und jetzt geht's los.

Miete: 620 Euro
Strom und Wasser: rund 80 Euro
Telefon: 40 Euro
Versicherungen: 50 Euro
Auto und Benzinkosten: 100 Euro
Kreditraten für die Möbel: 150 Euro
Essen für alle: 600 Euro.
Waschmittel, Zahnpaste, et cetera: 30 Euro.

Das sind in Summe 1.670 Euro. Bleiben für Schuhe, Kleidung, Schulsachen und Unvorhergesehenes 120 Euro.

Wehe ihnen, wenn die Waschmaschine eingeht. Nachhilfe, Sportverein, Klassenfahrten und sogar die Schulmilch sind für die Kinder gestrichen. Im Sommer mal ins Freibad ist nur ganz selten drin. Eis für die Kinder oder eine Limonade geht nur mit Zähneknirschen, und Urlaub, was ist das?

Urlaubs- und Weihnachtsgeld gehen für Heizkosten, Geburtstage und Weihnachten drauf. Bausparer hat die Familie keinen, Sparbücher auch nicht. Mit Freunden treffen sie sich hauptsächlich im Park. Das ist am billigsten. Kinder spielen lassen, plaudern und dann wieder nach Hause.

Letztens habe ich gerade von einer saftigen Nektarine abgebissen, als die Frau mit den Kindern auf einen Sprung bei mir vorbeischauten. Der Kleinsten wären wegen der Nektarine fast die Augen aus dem Kopf gefallen. Ihre Mutter ermahnte sie deswegen. Mir war, als würde mir der Bissen im Hals stecken bleiben und natürlich teilte ich meine Nektarine mit ihr.

Ich weiß, dass Kinder manchmal gerne haben möchten, was sie gerade sehen, aber bei diesem Mädchen war es anders. Nektarinen stehen angesichts von zwanzig Euro Tagesbudget für die Ernährung von vier Menschen bestimmt ganz selten auf dem Einkaufszettel ihrer Mutti. Immerhin muss sie damit Frühstück für alle, Jause für die Kinder, Jause für den Ehemann sowie Mittag- und Abendessen bestreiten.

Glauben Sie mir bitte, meine Damen und Herren in der Politik, ich unke nicht herum, wenn ich sage, dass es dieser Familie im Verhältnis noch immer gut geht. Sie schafft es wenigstens, ihr Dach über dem Kopf zu behalten und sie hat es im Winter warm.

Andere Menschen in Österreich haben es weit weniger gut. Wie oft habe ich in den vergangenen Jahren gehört, dass die Krankenkassen Anträge behinderter und beeinträchtigter Menschen auf Zuschüsse zu notwendigen Hilfsmitteln und unterstützenden Therapien abgelehnt haben.

Traurig. Das sind keine Einzelfälle. Fragen Sie den erstbesten Passanten auf der Straße. Sie kennen die Straßen, auf denen wir, das Volk, unterwegs sind, doch noch, oder? Oder rauschen Sie in Ihren Limousinen nur vorbei und sind sonst nur dort unterwegs, wo die Schönen und Reichen wohnen? Bei uns jedenfalls kennt nahezu jeder jemanden, bei dem die Krankenkasse unverständlicherweise gespart hat.

Eines Tages kam ein junger Mann, vielleicht 16 Jahre alt, mit seiner Mutter in meinen kleinen Laden für Alltagshilfen, mit dem ich mich vor einer Weile in Neunkirchen selbständig gemacht habe. Die Beiden fragten nach einer Lupe. Mutter und Sohn unterhielten sich über die Modelle, die ich ihnen zeigte, und es fiel mir auf, dass der junge Mann dabei ungewöhnlich laut redete.

Ich vermutete, dass er deshalb so schreien musste, weil es seiner Mutter unangenehm war, sich mit ihren vielleicht fünfzig Jahren schon mit dem Thema Hörgerät auseinandersetzen zu müssen. Er lächelte mich an, als hätte er meine Gedanken gelesen, und erzählte mir, dass er seine Mutter in die Stadt begleitet hatte, weil er sie nicht alleine lassen wollte an dem Tag, an dem sie ihr Hörgerät zurück geben musste.

Während ich ihr eine Lupe mit LED-Lämpchen in die Hand drückte und ein Prospekt mit winziger Schrift vor sie hinlegte, damit sie prüfen konnte, ob sie es lesen konnte, unterhielt ich mich nebenbei weiter mit dem Sohn. »Bekommt Ihre Mutter ein neues Hörgerät?«, fragte ich. »Warum hat sie das Alte zurück gegeben, bevor das Neue da ist?«

Sein Gesichtsausdruck verfinsterte sich. »Es war das Neue, das wir zurückgeben mussten«, sagte er. »Das Problem ist, dass wir es uns nicht leisten können.«

Erst jetzt bemerkte ich den zarten Schlauch im Ohr der Frau. Sie trug ein altertümliches klobiges Hörgerät, halb versteckt unter ihrer Frisur, und offenbar funktionierte es nicht richtig.

Sie musste trotzdem mitbekommen haben, worum es ging, denn sie sah mich an. »Der Verkäufer war so freundlich, mich das neue Hörgerät drei Tage lang probieren zu lassen«, sagte sie. »Es wäre toll gewesen, es behalten zu können. Ich habe mich damit wieder wie ein Mensch gefühlt. Aber wissen Sie, trotz aller Zuschüsse würde es noch 1.500 Euro kosten. Das geht sich einfach nicht aus. Ich muss noch für meinen Sohn sorgen. Er bemüht sich, aber er findet einfach keine Lehrstelle.«

Erst, als sie gegangen waren und ich allein war, erlaubte ich mir, ein paar Schimpfworte über Sie, meine Damen und Herren in der Politik, von mir zu geben. Wie lebenswert ist es hier in Österreich überhaupt noch? Worum ging es denn gerade bei dieser vom Schicksal bestraften Mutter? Um ein Auto, auf das sie verzichten musste, weil die Leasingrate zu hoch war? Nein! Es ging um ein funktionierendes Hörgerät. Hören zu können, das ist doch auch eine Frage der Würde, und es ist eines Landes unwürdig, zumal eines angeblich so reichen wie unserem, eine Mutter wie diese mit so einem Problem allein zu lassen.

Es gibt erschreckend viele Menschen, die in Österreich tagtäglich kämpfen müssen. Deshalb bin ich wirklich froh, dass es Sozialmärkte gibt. Ist Ihnen schon einmal aufgefallen, wie die boomen? Falls es Ihnen aufgefallen ist, haben Sie sich schon einmal gefragt, warum das so ist? Fällt Ihnen auf, dass Caritas und die anderen Hilfsorganisationen das ganze Jahr über Hauptsaison haben?

Hallo?

Da gehen nicht nur »Ausländer« hin sondern auch ganz viele Österreicher.

Die Obdachlosenheime sind vollgestopft mit armen Menschen jeder Altersgruppe, die nicht einmal mehr ein Zuhause haben, und selbst dort finden manchmal nicht alle Platz.

Reden wir doch ein bisschen darüber, warum die Sozialmärkte boomen. Wir, das Volk, wissen es ganz genau, aber ich wette, Sie, meine Damen und Herren in der Politik, haben es noch nicht so recht verstanden.

Wissen Sie warum uns das Bäckergewerbe wirklich wegstirbt? Weil wir uns das gute Bäckerbrot nicht mehr leisten können und das Chemie-Brot vom Diskonter um einen Euro pro Kilo kaufen müssen.

Wissen Sie vielleicht, wie der Name Billa entstanden ist? Er bedeutete einmal »Billigladen«. Dieser Name stand für das Konzept des mittlerweile verstorbenen Firmengründers Karl Wlaschek.

Der einstige Billigladen Billa müsste heute Lula heißen. Denn für viele von uns ist es zum Luxus geworden, dort einzukaufen, außer sie halten sich ausschließlich an die Produkte der Billigmarke Clever – an Billa ein herzliches Dankeschön dafür.

Wissen Sie, wie viel ein Kilo Tomaten bei Billa kostet? Sicher nicht. Ich will es Ihnen verraten. Ein Kilo Tomaten kostet dort durchschnittlich etwa sieben Euro. Ein

Kilo Eierschwammerl kostet 16 bis 24 Euro. Brot, das halbwegs essbar ist, pro Kilo zwischen fünf und sieben Euro. Ein Huhn, das selbst als verstorbenes noch einigermaßen gut ausschaut, kostet als ganzes etwa zwanzig Euro. Das Kilo Rindfleisch zum Dünsten kommt auf 17 bis 21 Euro.

Na und?

Das denken Sie nur, weil Sie nicht wissen, wie viel Geld das für unsereinen ist.

Das Schlimmste sind die Kartoffeln in Österreich. Wenn sie erschwinglich sind, ist die Qualität meist so schlecht, dass nach 15 Minuten im kochenden Wasser einige Kartoffeln so weich sind, dass sie beim Schälen zu Brei zerfallen, andere hingegen noch so hart, dass sie ungenießbar sind.

Wie bitte?

Ach so, Sie kochen nicht und in den Innenstadtrestaurants und den Landgasthöfen mit ein paar Hauben sind die Kartoffeln immer lecker. Pardon, daran hätte ich selbstverständlich denken müssen.

Dazu kommt dann auch noch, dass uns Medien, Bücher und das Internet jeden Tag mit Informationen über die Herkunft und die gesundheitlichen Aspekte billiger Lebensmittel verstören. Eier aus Hühnerfabriken, wo männliche Küken einfach geschreddert werden.

Haben Sie sich beim Verzehr Ihres Rostbratens vom Almochsen mit Schalottentascherln und Broccoli schon einmal gefragt, wie die Tiere, deren Fleisch wir, das Volk, uns leisten können, ums Leben gekommen sind? Du liebe Güte, ich traue mich diese armen Leichen manchmal vor Scham kaum zu essen.

Ach, Sie sind derzeit vegan, weil Sie etwas abnehmen wollen? Freut mich für Sie. Wir, das Volk, essen in so einem Fall eher gar nichts, weil das mit dem Gemüse auch so eine Sache ist. Auf Ihren frischen Gartensalat im Wiener Steirereck trifft das sicher nicht zu, aber was ich über die Bestrahlung und die Hormonbehandlung des Gemüses in den günstigen Supermärkten höre, da frage ich mich manchmal, ob Skorbut nicht die bessere Wahl ist. Da bekommt das Wort »Einkaufshölle« nochmal einen ganz besonderen Wortsinn.

Beim Diskonter gibt es auch Tomaten um 3,99 Euro das Kilo. Da wird mir schon schlecht vor Nervosität, aber für die anderen fehlt mir das Geld. Pfeif drauf, denke ich dann, ich nehme halt ein halbes Kilo, weil ich schon so lang keinen Tomatensalat mehr gegessen habe. So schlecht können sie ja dann wohl nicht sein, wenn sie öffentlich verkauft werden, oder?

Oder?

Sogar der Billigfraß ist für uns nicht wirklich »billig« und es kommt immer öfter vor, dass wir auch an den Regalen der Diskonter vorbei gehen müssen, ohne uns bedienen zu können.

Nicht einmal die im Dunkeln gezüchteten steinharten Pfirsiche sind für uns, das Volk, manchmal am Ende des Monats noch drin. So sieht es aus, und Sie haben mein ganz persönliches Ehrenwort: So war es, seit ich auf der Welt bin, in Österreich noch nie.

Ich habe Billa deshalb als Beispiel gewählt, weil diese Handelskette der Rewe Group Austria genau wie die Kette Spar in weiten Teilen unseres Landes wichtigster Nahversorger ist. Gerade im ländlichen Raum, dort wo die Wege relativ weit sind, haben Billa und Spar intelligente Investitionen getätigt, um ihre Märkte nahe an die Kunden heran zu bringen. Die meisten Greißler sind uns ja eingegangen und so gehen wir jetzt eben in die Supermärkte, wenn wir, wie wir in Österreich so schön sagen, »g'schwind was brauchen«.

Geht es hier darum, Billa und Spar schlecht zu machen? Aber nein, im Gegenteil. Niemand kann Kaufleuten einen Vorwurf machen, weil sie gute Produkte anbieten, die eben auch ihren Preis haben. Vielleicht abgesehen von dem Umstand, dass dieselben Produkte im Ausland manchmal billiger sind. Manchmal ist es sogar auf den Preisschildern ausgewiesen. Ein Preis für

DE und ein höherer Preis für AT. Wenn dann ein paar Haarspangerln in Österreich um einen ganzen Euro mehr kosten, frage ich mich schon, was das soll. Bei den Lebensmitteln steht es nicht am Preisschild. Aber wir brauchen nur nach Ungarn oder nach Deutschland zu fahren, um den Unterschied zu merken. Warum stellen Sie nicht wenigstens diese Frechheit ab? Weil die Händler meinen, dass sie hier in Österreich halt teilweise auch höhere Kosten haben? So leicht lassen Sie sich abspeisen?

Wer ist dafür verantwortlich, dass die allermeisten von uns am gesunden Ja! Natürlich-Wiesen-Hendl vorbeigehen müssen, das Billa mühsam aufgetrieben hat. Ja! Natürlich, Sie, meine Damen und Herren sind dafür verantwortlich, dass so viele von uns nur die Leichen armer Fabrikshendl kaufen können.

Naja, werden Sie jetzt vielleicht denken, die schlechtere Ernährung macht ärmere Menschen vielleicht ein bisschen anfälliger für Krankheiten, aber es soll nichts Schlimmeres passieren. Bloß passiert Schlimmeres.

In Österreich gibt es ein Tabuthema, über das wenige sprechen. Es geht um den Tod der wirklich armen Menschen und das, was danach kommt. Ich spreche nicht vom Jenseits, nein. Ich spreche vom letzten Weg im Diesseits. Haben Sie eine Ahnung, wie es für einen

Sterbenden ist, wenn weder er noch seine Angehörigen Geld für ein anständiges Begräbnis haben?

Ich hatte eine Kollegin namens Esther, deren Schwester eine psychische Erkrankung hatte, die zum körperlichen Verfall führte. Die Ärzte entließen die Frau fast bis zu ihrem Tod immer wieder aus dem Krankenhaus und so sehr sich Esther auch um einen Platz in einem Hospiz bemühte, sie hatte keine Chance.

Die beiden kinderlosen Schwestern hatten nur noch einander, keine Eltern und nur weitschichtige Verwandte, die in einem anderen Bundesland leben. Esther war damals 54 Jahre alt und ihre sterbenskranke Schwester ein paar Jahre jünger als sie.

Natürlich musste Esther arbeiten gehen. Wovon hätte sie sonst existieren sollen, doch an arbeiten im herkömmlichen Sinne war nicht wirklich zu denken, da sie viele Wochen lang wegen ihrer Schwester unkonzentriert und ruhelos war.

Ich war damals ihre Vorgesetzte und versuchte, Esther so gut es ging aufzufangen und zu begleiten, vor allem wenn sie wieder einmal frühmorgens fix und fertig zur Arbeit kam, weil es am Abend davor wieder Aufregungen gegeben hatte. Die gab es oft, denn ihre psychisch kranke Schwester war ja bis auf die kurzen Besuche einer externen Pflegerin den ganzen Tag allein daheim.

Zu den vielen Sorgen um die Gesundheit und das Leben ihrer Schwester kam die Tatsache, dass beide Schwestern im Grunde nichts besaßen und Esther nicht wusste, was sie tun sollte, wenn ihre Schwester stirbt. Mit welchen Mitteln sollte sie die Beerdigung bezahlen?

Als es tatsächlich so weit war, musste Esther ein Armenbegräbnis für ihre Schwester bestellen. Sie hat sich so geschämt, dass sie niemanden zum Begräbnis einlud. Ganz allein ging sie hinter dem Sarg her.

Sind diese beiden Schwestern Einzelfälle in Österreich? Nein, ganz bestimmt nicht. Im kleinen Österreich gibt es bereits 1.500 Sozialbestattungen im Jahr, weil sich die Menschen kein anständiges Begräbnis mehr leisten können. Das sind nicht mehr nur verstorbene Außenseiter, die sich nirgendwo eingliedern ließen, die selbst im Winter draußen schliefen und mehr oder weniger freiwillig nichts besaßen. Die Tendenz bei den Sozialbestattungen war in den vergangenen Jahren übrigens steigend.

Dazu kommt die sicherlich noch um ein Vielfaches höhere Zahl jener, die zwar nichts hinterlassen, wovon sich ihr Begräbnis bezahlen ließe, bei denen jedoch die Angehörigen aus Scham dafür ihre letzten paar Euros zusammenkratzen.

Warum spüren wir den Niedergang so stark? Liegt es etwa an uns? Sind wir alle Spieler, die ihr Haushaltsgeld im Casino verzocken, oder Schmarotzer, die auf Staatskosten leben wollen? Nein. Wir sind ein fleißiges redliches Volk, das imstande ist, zu arbeiten, und das stolz genug ist, sich nichts schenken lassen zu wollen.

Wir sind ungleich höher gebildet als unsere Vorfahren. Trotzdem haben die etwas aufgebaut, während wir auf unserem Weg nach unten mit der Sorge leben müssen, dass es unseren Kindern einmal schlechter gehen wird als uns.

Was unsere Vorfahren aufgebaut haben, haben nicht wir verwirtschaftet, meine Damen und Herren in der Politik, das waren Sie und ihre Vorgänger in den vergangenen Jahren und Jahrzehnten. Sie haben es dort verwirtschaftet, wo Sie hinter der Kulisse des öffentlichen Hickhacks unter sich mauscheln, in Ihren höchst elitären Kreisen. Dort ist das passiert. Dort haben Sie, die einander alle mehr oder weniger persönlich kennen, unser Steuergeld allzu oft in Kanäle geleitet, die mit unseren Interessen nichts zu tun haben. Während Sie sich für Ihre politische Profilierung öffentlich um Kleinkram gezankt haben, haben Sie tatsächlich bei so gut wie allen großen Aufgaben versagt.

Es gibt ein Anliegen des Volkes, das sollte ganz oben auf ihrer To-do-Liste stehen. Etwas, mit dem sich die meisten anderen Probleme in Wohlgefallen auflösen.

Sie wissen es doch eh: Das, was wir, das Volk, am dringendsten brauchen, sind ordentlich bezahlte Arbeitsplätze. Wenden wir uns also im folgenden Kapitel dem Kern des Problems zu.

Beschäftigung in Österreich

438.654 Personen waren laut dem Arbeitsmarktservice (AMS) im März des Jahres 2016 in Österreich arbeitslos gemeldet. Ein Jahr später, also heuer im April 2017, waren es noch immer 413.683 Menschen, die offiziell ohne Job dastanden. Trotzdem sprachen Sie, meine Damen und Herren in der Politik, in Bezug auf die Arbeitslosigkeit von einer »Entspannung«. Glauben Sie allen Ernstes, dass wir, das Volk, diese »Entspannung« wegen ein paar Arbeitslosen weniger ebenfalls spüren? Oder wollen Sie uns einfach zum Mangeldenken erziehen? Sollen wir uns freuen, wenn die viel zu hohen Arbeitslosenzahlen zumindest nicht gestiegen sind?

Ich erkläre Ihnen gerne, wie sich Ihre »Entspannung« in Wirklichkeit anfühlt. Im österreichischen Durchschnitt leben 2,24 Menschen in einem Haushalt. Darunter auch jene, die nicht im erwerbsfähigen Alter sind, also Kinder und Pensionisten.

Umgerechnet auf die Haushalte werden in Österreich also rund 926.000 Menschen wegen der Arbeitslosigkeit eines Haushaltsangehörigen in Mitleidenschaft gezogen. Denn verdient der Vater kein Geld, ist auch der Rest der Familie betroffen, und wenn eine Frau, die für ihre greise Mutter sorgt, selbst nur mehr die Mindestsicherung hat, fällt das auch auf ihre Mutter zurück.

Und von wegen Entspannung. Da sind die rund 297.000 Österreicher noch gar nicht mitgerechnet, die zwar arbeiten, aber davon nur unter der Armutsgrenze leben können, weil sie sich mit Teilzeitjobs und Billiglöhnen begnügen müssen.

Haben Sie diese Rechnung schon einmal angestellt? Sicher nicht. Fakt ist: Die Arbeitswelt bietet immer weniger ordentliche Arbeitsplätze und immer mehr Möglichkeiten für uns, das Volk, zu sogenannten *Working Poor* zu werden, oder gleich ganz arbeitslos.

Sind wir uns einig, dass etwas geschehen muss? Dass es so nicht weitergehen kann? Dass wir vor allem an unsere Kinder denken müssen, die nach uns dran sind, sich in dieser Welt zu behaupten?

Fast 75.000 Jugendliche waren im letzten Jahr ohne Beschäftigung. Damit Sie sich nicht auch über dieses Problem durch das Jonglieren mit Statistiken hinwegstehlen können, will ich Ihnen erklären, was das bedeutet. Die Stadt Villach hat rund 61.000 Einwohner. Eisenstadt hat etwa 14.000. Wir könnten also zwei bedeutende österreichische Städte nur mit jugendlichen Arbeitslosen füllen.

Wie finden Sie das?

Sicher auch nicht so toll. Doch wenn Sie, meine Damen und Herren in der Politik, zur Modernisierung der Arbeitswelt schreiten, wird es trotzdem meistens nur schlimmer. Ich habe das sozusagen live miterlebt, als ich selbst noch als Filialleiterin in Wien arbeitete.

Wirtschaftsminister Reinhold Mitterlehner führte damals die sogenannte Zwölf-Stunden-Regelung genau dort ein, wo sie vor allem die Frauen traf, nämlich in Handelsbetrieben. Diese Regelung besagte, dass Unternehmen ihren Mitarbeitern von nun an Zwölf-Stunden-Tage abverlangen konnten, bei späterem Zeitausgleich.

Wer hat davon profitiert? Das waren die großen Handelsketten, die zu den wichtigsten Arbeitgebern Österreichs zählen. Viele dieser Ketten sind in ausländischer Hand. Wer in so einem Unternehmen arbeitet, muss die vorgegebenen Regeln streng einhalten, sonst droht ihm rasch der Verlust des Arbeitsplatzes.

Als die Zwölf-Stunden-Regelung kam, lachten sich die Chefs dieser Ketten wahrscheinlich schief über diese neue Möglichkeit und verlangten von den Mitarbeitern sofort längere Anwesenheitszeiten.

Wer waren die Opfer dieser neuen Regelung?

Nehmen wir beispielsweise ein Einkaufszentrum, das freitags von 9 bis 21 Uhr geöffnet ist. Wann die Mitarbeiter, zumal die Filialleiter, dort sein müssen, ist klar. Jedenfalls lange genug vor dem Aufsperren. Wann sie heimgehen dürfen, ist auch klar. Jedenfalls erst nach der Kassenabrechnung.

Entlohnt werden die Zeiten vor und nach Dienstschluss jedoch nicht. Sie werden nicht einmal für einen späteren Zeitausgleich registriert. Denn ein Job muss einem ja auch etwas wert sein, meinen die Unternehmen. Die meisten Zeiterfassungssysteme beginnen erst ab dem Öffnen der Geschäfte zu laufen. Egal wie früh auch immer sich jemand einstempelt oder abends nach Dienstschluss ausstempelt, auf der Übersicht der Zeiterfassung stehen beispielsweise folgende Daten.

09:00 anwesend
12:30 abwesend (Pause)
13:00 anwesend (Ende der einzigen Pause des Tages)
21:00 abwesend

Mit Einführung der Zwölf-Stunden-Regel kamen deshalb für Filialleiterinnen wie mich die 13- bis 14-Stunden-Tage. Freizeit adieu, Sonne adieu, arrivederci Familienleben, und das alles für netto 1.600 Euro im Monat, wenn überhaupt.

Zeitausgleich? Ja, den gibt es, und zwar dann, wenn es dem Arbeitgeber passt. Ende Jänner oder Anfang Februar zum Beispiel, wenn wenige Kunden kommen, oder im Hochsommer.

Wehe dem, der sich dagegen etwas zu sagen traut. Mund halten, sonst ist der Job weg. Ich weiß auch das aus erster Hand, denn ich habe meinen Mund nicht gehalten.

So ein Job ist für viele Filialleiter und Handelsmitarbeiter trotzdem ein Hauptgewinn oder zumindest besser als ein Working-Poor-Teilzeitjob. Ich kenne große Unternehmen in der Schuhbranche, die den Großteil ihrer Mitarbeiter mit nur noch 15 Stunden pro Woche anstellen. Sie können sich vorstellen, was den Angestellten unterm Strich bleibt. Die schauen dann halt, dass sie zusätzlich noch irgendwo putzen gehen oder für einen Lieferservice fahren können.

Das Wort »flexibel«, das Sie, meine Damen und Herren in der Politik, in Sachen Arbeitswelt als Synonym für »modern« vor sich hertragen, ist für uns ein Synonym für »Falle«. Wenn es der Arbeitgeber beim Einstellungsgespräch benützt, ist uns klar: Jetzt stehen wir einen Schritt vor der Falltür.

Denn es bedeutet im Wesentlichen, dass der Arbeitgeber uns nach Bedarf Überstunden abverlangen will, die er nur ganz flexibel nach Gutdünken honorieren wird. Eine besonders böse Falle ist die Kombination aus flexibel und Teilzeit. Denn wir geben in diesem Fall für ein paar Hunderter im Monat die Hoheit über unsere Zeitplanung ab. Für einen zweiten Job, den wir vielleicht zusätzlich bräuchten, wird es damit eng.

Wer glaubt, so etwas nur ein paar Jahre durchhalten zu müssen, um dann beim nächsten Job Erfahrung vorweisen zu können und womöglich besser eingestuft zu werden, ist naiv. Das hat vielleicht früher einmal funktioniert. Aus eigener Erfahrung weiß ich, dass die allererste Wahl bei Handelsbetrieben nicht kompetente und erfahrene Verkäuferinnen sind, sondern Zuwanderinnen aus Nicht-EU-Staaten, die davor möglichst noch keinen Job in Österreich hatten.

Der Grund dafür ist, dass solche Frauen sich anfangs jährlich bei der Niederlassungsbehörde melden und ein regelmäßiges Einkommen nachweisen müssen. Wenn sie das nicht schaffen, droht ihnen die Abschiebung. Die Arbeitgeber können sich also darauf verlassen, dass sie keinen Mucks machen werden, was immer sie auch leisten müssen. Solche Frauen bekommen oft Teilzeit-Jobs mit wenigen Stunden, arbeiten müssen sie trotzdem das volle Programm.

Ich kenne auch Unternehmen, die Mitarbeiterinnen zwar als Verkäuferinnen mit Niedriglohn einstellen, sie dann aber den ganzen Tag Lastwägen abladen lassen. Sie sind einfach billiger als Männer, und basta.

Besonders schwer haben es Handelsmitarbeiterinnen, die für die Feinkostabteilungen zuständig sind. Sie beginnen ihre Arbeit früh morgens, weil sie Unmengen an tiefgekühltem Brot und Gebäck sortieren, mit Körnern bestreuen und aufbacken müssen. Das braucht nicht nur Zeit. Sie müssen richtig schwer heben und verbrennen sich unzählige Male an den großen und heißen Öfen die Hände und Arme, wirklich eine schwere Arbeit.

Wenn so ein Laden um sieben Uhr öffnet, fangen sie um fünf Uhr an. Brot, Semmeln, Kornspitz, alles muss vorbereitet werden. Da diese eine Stunde vor sechs Uhr morgens zu den Nachtstunden gehört und es dafür ordentlich Zulagen gäbe, lassen die meisten Unternehmen sie unter den Tisch fallen. Sie findet einfach nicht statt.

Ich weiß, dass viele Betroffene, wenn sie das hier lesen, jetzt stumm nicken. Ich kenne eine Frau, die als Feinkostleiterin für dreißig Stunden die Woche angestellt war. Jeden Tag ist sie um 3.15 Uhr aufgestanden und bei durchschnittlich zwanzig Überstunden die Woche frühestens um 19 Uhr heimgekommen. Dafür hat sie weniger als 1.200 Euro netto im Monat bekommen. Die Überstunden hat sie schon gar nicht mehr aufgezeichnet, weil ihr Chef sie ihr oft genug mit fragwürdigen Argumenten wieder gestrichen hatte und sie keine Meinungsverschiedenheiten mit ihm riskieren wollte.

Sie hat zwei Kinder, die sie abends selbstverständlich auch noch beanspruchten, und wenn sie sich auch noch so bemühte, wenigstens eine Stunde für sich selbst herauszuholen und einmal bis 20 Uhr aufzubleiben, fiel sie doch vorher um wie ein Stück Holz.

Aber schön, dass die Handelsketten regelmäßig ihre tollen Bilanzen präsentieren. Auf die Art können Sie, meine Damen und Herren in der Politik, behaupten, dass die Wirtschaft in Österreich floriert und das als Ihre Leistung verkaufen. Wenn es der Wirtschaft gut geht, geht es ja uns allen gut.

Oder?

Damit Sie jetzt nicht glauben, diese Feinkostleiterin sei ein Einzelfall, hier noch eine zweite Geschichte.

Ich kenne einen ehemaligen Geschäftsführer einer Fabrik mit Schweizer Eigentümern. Sie befindet sich im ländlichen Raum und schafft dort wichtige Arbeitsplätze. Die Maschinen dieser Fabrik sind allerdings schon so alt, dass die Leute vom TÜV elendslange Listen mit Sicherheitsmängeln geschrieben haben.

Nun ist es so, dass dieser Geschäftsführer stellvertretend für die Eigentümer dafür verantwortlich war, dass sich niemand verletzt.

Leider passieren dort aber laufend Unfälle, weil die Schweizer keine nennenswerten Investitionen in ihrem österreichischen Werk tätigen wollen. Denn es wirft laut ihren Statistiken von allen ihren Standorten am wenigsten ab.

In dem Werk bildete sich eine sogenannte Notfall-Truppe, die verletzte Arbeiter selbst, also ohne Rettungseinsatz, ins Krankenhaus bringt, wo der oder die Betroffene dann Märchen über den Unfallhergang erzählt, nur damit keine Anzeige gegen die Arbeitgeber erfolgt.

Denn müsste die Rettung dorthin kommen, würde automatisch eine Nachricht ans Arbeitsinspektorat gehen. Es käme zu einer Nachschau, alles würde auffliegen und es würde unweigerlich Auflagen für die Eigentümer geben.

Die Eigentümer haben damit gedroht, die Fabrik unverzüglich zu schließen, wenn sie Schwierigkeiten bekommen. Die Jobs wären weg. In einem Gebiet, in dem es kaum Aussichten auf andere Arbeit gibt, wäre das für alle Mitarbeiter fatal. Deshalb spielen alle beim »Notfallplan« mit. Nur der Geschäftsführer hat von sich aus gekündigt.

So, und jetzt fragen einige ganz Schlaue unter Ihnen bestimmt, wieso sich Menschen in solchen Arbeitssituationen nicht an die Arbeiterkammer wenden. Tja, das tun ja auch einige ganz Mutige. Bloß sind diese Konzerne so große Arbeitgeber, dass die Kammern, sowohl die Wirtschafts- als auch die Arbeiterkammer, in deren Richtung nur artig »wauwau« machen und freundlich mit dem Schwanz wedeln.

Wenn Ihnen etwas nicht passt, dann gehen wir eben.

Das ist das Killerargument der Industriebetriebe.

Wenn das so ist, dann müssen wir Personal abbauen.

Das ist das Killerargument der Handelsbetriebe.

Ich weiß mit Sicherheit, dass den Kammern so manches schwarze Schaf bekannt ist, und dennoch tun sie nie etwas im Sinne der Mitarbeiter, selbst dann nicht, wenn die Fälle eine öffentliche Diskussion auslösen. Die Unternehmen arbeiten weiter wie bisher, beuten ihre Leute weiter wie gewohnt aus und präsentieren dann mit Stolz ihre Jahresbilanzen.

Die Arbeitswelt, deren Rahmenbedingungen letztlich Sie zu verantworten haben, beutet jene, die unsere Wirtschaft stark machen, nämlich uns, die Arbeitnehmerinnen und Arbeitnehmer, aus und macht Einzelne reich. So lange alle davon profitieren, wäre dieses System ja noch irgendwie zu rechtfertigen. Aber diese Zeiten sind vorbei. Wenn einer von uns nicht mehr kann, ist das egal. Es gibt genug Möglichkeiten, uns zu ersetzen. Genug Menschen sind auf Jobsuche.

Nun fragen Sie wahrscheinlich, mit welchem Recht ich Ihnen jetzt als »das Volk« entgegentrete mit dieser Rede in Buchform. Wieso maße ich mir an, Sie zur Verantwortung zu ziehen? Was habe ich schon geleistet, um mich gegen solche Zustände zu wehren? Nun: Ich habe mich gewehrt. Ich habe meinen Job riskiert. Und ich habe ihn verloren. Das ist wohl mehr Einsatz, als so manche Damen und Herren in der Politik vorzuweisen haben.

Ich habe noch vor Einführung der Zwölf-Stunden-Regelung Briefe an Wirtschaftsminister Mitterlehner geschrieben, der dieses elende Gesetz auf den Weg gebracht hat, und an den damaligen Herrn Sozialminister Rudolf Hundstorfer ebenfalls. Von Mitterlehner: Schweigen. Und von Hundstorfer, dem sozialdemokratischen Urgestein, dem Fels in der Brandung in Sachen Arbeitnehmerrechte?

Der Zufall wollte es, dass er bei einer seiner Touren ausgerechnet in dem Laden, der mir damals als Filialleiterin unterstand, vorbeikam. »Wir kennen uns?«, fragte er, als ich gleich mit der Tür ins Haus fiel.

»Ich habe Ihnen geschrieben«, sagte ich.

»Haben wir geantwortet?«, fragte er.

Sehr vornehm formuliert. Nein, seine Majestät der Sozialminister hatte nicht geantwortet, und auch bei dieser kurzen Begegnung kam nichts Brauchbares heraus.

Am Ende bekam ich eine Art Beileidsschreiben vom Sozialministerium und einen Brief von Mitterlehner, in dem er sinngemäß meinte, bei dieser Regelung gehe es eigentlich nicht um den Handel, sondern um die Industrie.

Sie können sich sicher vorstellen, wie sehr mir das in meiner Situation geholfen hat, nämlich gar nicht. Ich hab geheult. Mir war klar, dass ich diese irren Dienstzeiten als Pendlerin zwischen Neunkirchen und Wien auf die Dauer nicht schaffen würde. Als die Regelung dann tatsächlich kam, tja, da kam es genau so, wie ich es vorausgesehen hatte. Als ich intern um andere Arbeitszeiten kämpfte, war mein Job halt weg.

Danach kämpfte ich weiter. Auch wenn Sie, meine Damen und Herren, zu denken scheinen, dass wir alle potenzielle Sozialschmarotzer sind, war Stempeln gehen meine Sache nicht. Ich war gut ausgebildet, führungserprobt und konnte einige nette Zusatzausbildungen vorweisen, unter anderem zwei anständige Diplome in Wirtschaftsmediation. Da müsste sich doch ein Job finden lassen, dachte ich.

Ich verschickte in zwölf Monaten mehr als 300 Bewerbungen. Wenn mich eine Firma zu einem Gespräch einlud, schienen meine vielfältigen Qualifikationen aber eher ein Hindernis zu sein. Vielleicht, weil ich damit nicht wie jemand wirkte, mit dem sie alles machen können. »Überqualifiziert«, nennen sie das dann. »Wir halten Sie in Evidenz«, sagten sie.

Ich habe alles versucht, mich ordentlich zu präsentieren. Ich schmiss mich in meinen businessmäßigen schwarzen Hosenanzug, um seriös zu wirken, dann dachte ich wieder, nur Hose und Bluse wären vielleicht besser, dann wieder versuchte ich es im Kostüm oder Casual mit gedeckten unauffälligen Farben. Mal die Haare runtergeföhnt, dann hochgesteckt, dann wieder gelockt. Mal war ich offenherzig und verbindlich in meinen Gesprächen, dann zeigte ich mich abwartend und schlagfertig. Was ich auch versuchte, es schien immer falsch zu sein. Ich suchte sogar private Jobvermittler auf und schleimte mich bei meiner AMS-Betreuerin ein, aber ich hatte keine Chance.

Schließlich kam ich wieder einmal zu einem Termin bei einem der privaten Vermittler. Ich saß diesmal einer Frau gegenüber und gab wie immer alles. Ich hatte selbst in meinem Leben schon viele Menschen eingestellt und meinte deshalb zu wissen, worauf ich achten musste, doch offensichtlich scheiterte ich auch dieses Mal. Auch diese Frau taxierte mich wie eine Außerirdische. Wieder diese großen Augen und dieses stumme Kopfwackeln bei der Durchsicht meiner Bewerbungsunterlagen. Wieder gleich die Frage nach meinen Gehaltsvorstellungen, noch bevor wir überhaupt über die offene Stelle gesprochen hatten. Was sollte das eigentlich?

Ich gab mir wie immer selbst die Schuld am ungünstigen Verlauf des Bewerbungsgespräches. Ich knickte innerlich ein. Ich wusste keinen Rat und verstand die Welt nicht mehr. Wieso um Himmels Willen wollte mich niemand?

Meine Gesprächspartnerin, eine eher unscheinbare Frau mit einer schwarzen runden Brille auf der Nase, hörte sich alles an und schob dann meine Unterlagen beiseite. Als auch sie den gewohnt verbindlichen Ton anschlug, den ich im Vorfeld von Emails mit dem Wort »Evidenz« schon so oft gehört hatte, platzte mir der Kragen. »Stop«, sagte ich in einer Lautstärke, die mich selbst erschreckte, aber ich hielt es nicht mehr aus. Ich schrie sie regelrecht an. »Sagen Sie mir bitte die Wahrheit. Entschuldigen Sie meine Aufregung und meinen Tonfall, aber ich muss wissen, was ich falsch mache, denn ich bekomme bei Bewerbungen entweder gar keine Rückmeldung, oder nach Terminen wie diesem hier freundliche Absagen. Was stimmt mit mir nicht?«

Die Frau wechselte sehr rasch die Gesichtsfarbe. Sie war kurz davor, mir die Tür zu zeigen.

»Bitte«, sagte ich.

Ihre Schultern senkten sich wieder. Sie lehnte sich wortlos zurück, runzelte die Stirn und atmete aus. »Sie wollen es wirklich wissen?«, fragte sie.

Ich nickte. »Damit ich etwas ändern kann. An mir, verstehen Sie?«

»Nun gut«, antworte sie langsam. »Der Grund ist wohl, dass Sie zu alt sind. Für meinen Auftraggeber ist es jedenfalls so, und deshalb kann ich nichts für Sie tun. Es geht nicht um ihre Qualifikationen. Die sind in Ordnung.«

»Aber ich bitte Sie«, sagte ich. Ich war zu diesem Zeitpunkt fünfzig. »In meinem Alter steigen Manager doch erst richtig auf. Das ist auch gut so, denn erst mit ausreichender Lebens- und Arbeitserfahrung ist einem Menschen eine Führungsposition mit Verantwortung für andere zuzutrauen.«

»Richtig«, sagte die Dame, »wenn Sie männlich wären und einen Fürsprecher auf höherer Ebene hätten. Sie aber sind eine Frau von fünfzig Jahren und für meinen Arbeitgeber damit zu teuer. Dazu kommt, dass er Sie nicht so ohne weiteres wieder kündigen könnte in ihrem Alter. Haben Sie das nicht gewusst?«

Ich sah ihr an, dass Sie sich über all das selbst nicht freute.

Den Kaffee, den sie mir anbot, nahm ich dankbar an, denn ich hatte das Gefühl, dass meine Beine versagt hätten, wäre ich gleich aufgestanden und gegangen.

Für mich folgten bittere Monate ohne Arbeit, ein Zustand, den ich trotz allem nicht hinnehmen wollte.

Zu jedem Termin am Arbeitsamt ging ich mindestens eine Stunde früher, um die Gelegenheit zu nutzen, mich auszutauschen. Was sagten andere in derselben Situation? Wie erging es ihnen?

Großteils traf ich dort verzweifelte Menschen, von denen viele in meiner Altersgruppe waren. Jedes Mal, wenn mich meine Betreuerin aufrief, konzentrierte ich all meine Energie auf das kommende Gespräch. Ich peinigte sie regelrecht. Ich wollte arbeiten. Ich wollte um jeden Preis noch eine Chance. Jeder Gang blieb erfolglos, aber kaum war ich wieder zu Hause, schmiedete ich schon wieder eine neue Strategie.

Einmal erkämpfte ich mir einen Termin in der Führungsetage des für mich zuständigen Arbeitsamtes. Dort stellte ich bohrende Fragen. Zum Beispiel wollte ich wissen, wie das AMS auf Unternehmen zuging. Was tat es, um Jobs für Arbeitssuchende über fünfzig zu finden?

Der Beamte, der ziemlich ausgelaugt wirkte, antwortete mir, dass sie telefonisch Termine vereinbarten, um danach die Firmen zu besuchen. Das klang für mich nicht schlecht. Anscheinend gab es hier ein paar Leute, die Jobs für uns an Land zogen.

Ich wollte die Quoten wissen, also wie viele Anrufe es brauchte, um so einen Termin zu bekommen. Ich war so entschlossen, mit Informationen heim zu gehen, dass ich dem Mann keine Chance gab, mir auszuweichen.

»Wenn wir bei 300 Anrufen zehn Termine bekommen, können wir zufrieden sein«, sagte er schließlich.

Zehn von 300? Konnte das sein?

Mir ließ das keine Ruhe. Ich hatte selbst schon in der telefonischen Akquisition gearbeitet und in diesem Bereich sogar ein Team geleitet. Mitarbeiter, die auf eine Quote zehn von 300 gekommen wären, wären in dem Job jedenfalls falsch gewesen.

Daheim suchte ich mir die mittleren und großen Unternehmen meiner Region heraus. Ich fand richtig viele im Industriegebiet Niederösterreich Süd. Doch was nun?

Bald reifte ein Plan in mir heran, der mir viel Herzklopfen verursachte. Ich wollte dort anrufen und fragen, ob es stimmte, was der Beamte mir gesagt hatte. Ich musste es einfach wissen. War es tatsächlich so schwierig, Jobs für uns zu keilen?

Wie ich es von meinem Akquisitionsjob gewöhnt war, legte ich meine telefonische Vorgehensweise zunächst schriftlich auf einem Zettel fest.

Bitte verbinden Sie mich mit Ihrem Personalverantwortlichen.

Guten Tag. Es geht um eine Umfrage.

Das AMS fördert derzeit die Einstellung
Über-Fünfzigjähriger.

Hat das AMS diesbezüglich bereits Kontakt mit Ihnen
aufgenommen?

Haben Sie Interesse an entsprechenden Informationen?

Vielen Dank für das Gespräch.

Dauer: maximal vier bis fünf Minuten.

Was soll ich sagen? Wo immer ich anrief, niemand wusste Bescheid. Das AMS hatte niemanden kontaktiert.

Ich war empört und zugleich gekränkt. Ich hatte mehr als fünfzig wichtige Betriebe angerufen und bei keinem einzigen war das AMS vorstellig geworden. Laut Auskunft meiner Gesprächspartner hatte niemand vom AMS dort jemals angerufen, geschweige denn war jemand dort gewesen. Da strampelte ich mich ab wie eine Idiotin und schrieb mir mit Bewerbungen die Finger wund, und dann logen mich die vom AMS allem Anschein nach auch noch an. Oder sie waren komplett unfähig.

Bevor ich meinem Ärger darüber ordentlich Luft machte, passierte allerdings etwas, das mich kurzfristig versöhnte: Ich bekam über das AMS einen Vorstellungstermin in Wien. Eine neue Handelskette suchte eine Filialleiterin. Die Eigentümerin war von mir begeistert und ich schwebte im siebten Himmel. Ein Job. Endlich wieder Arbeit.

Sie ließ mich tagelang das leere Geschäftslokal blitzblank putzen und schon einmal die erste Ware übernehmen. Ich biss die Zähne zusammen, weil ich mir einredete, das sei eben am Anfang so.

Nach einer anstrengenden Woche fragte ich sie bezüglich meiner Anmeldung bei der Sozialversicherung und erntete ein amüsiertes Lachen. So schnell würde das bei ihr nicht gehen, meinte sie lockerflockig, sie müsse erst sehen, ob ich etwas tauge.

Auf dem Weg nach Hause heulte ich einmal mehr und erstattete Anzeige. Ich war, wie sich dann herausstellte, nicht die Einzige, die dort ohne Anmeldung geschuftet hatte, dass die Schwarten krachten.

Sie nennen es »Arbeitsmarktservice«

Als ich wieder arbeitslos war, kam mein Ärger wegen meiner telefonischen Umfrage bei den Unternehmen erneut hoch. Also suchte ich mir die Adresse der Niederösterreich-Zentrale des AMS heraus und rief dort an. Ich wollte vorbringen, was ich erlebt hatte und landete bei einem Mann, der meinte, er sei für mein Anliegen zuständig. Binnen Minuten bekam ich einen Termin.

Der Weg nach Wien, wo die Niederösterreich-Zentrale lag, war in meinem Haushaltsbudget nicht vorgesehen. Immerhin musste ich mehr als fünfzig Kilometer Wegstecke finanzieren. Aber koste es, was es wolle, ich musste dort hin.

Als ich ankam, war ich erstaunt, wie vornehm das Gebäude war, in dem es ausschließlich um die Arbeitslosigkeit in Niederösterreich ging. Es ist ein wunderschönes Palais in der Wiener Innenstadt. In den Gängen duftete es nach Essen. Offenbar gab es für die Mitarbeiter eine Kantine mit guten Köchen.

Die Zentrale, das merkte ich sofort, hatte keinen üblichen Parteienverkehr wie normale Arbeitsämter, denn ich war so gut wie alleine in dem Haus unterwegs. Abgesehen vom Gelächter aus der Küche wirkte es eher ausgestorben.

Also auf zu den Räumlichkeiten meines Gesprächs-
partners, die in den oberen Stockwerken lagen. Der
Mann ließ mich sofort ein, nachdem ich an die Tür
geklopft hatte, und bat mich, ihm gegenüber Platz zu
nehmen. Höflich und etwas salopp fragte er mich nach
dem Grund meines Besuches.

Ich erläuterte ihm mein Anliegen und redete über
die Situation der Über-Fünzigjährigen, zu denen ich
gehörte, die um ihre Existenz kämpfen mussten, denen keine Chance gegeben wurde, selbst wenn sie wie
ich wirklich alles taten, um wieder Fuß zu fassen. Er
nickte verständnisvoll und meinte, man kenne das
Problem und bedaure es sehr, dass sich die Unternehmen so anstellen.

Als ich auf meine Eigeninitiative und die Ergebnisse
meiner Telefonumfrage zu sprechen kam, merkte ich
rasch, dass ihm der Verlauf des Gespräches nicht behag-
te. Bald unterbrach er mich. Es wäre ihm jetzt peinlich,
aber er sei eigentlich nicht der richtige Ansprechpart-
ner in dieser Angelegenheit. Es gäbe da einen anderen
Mann, in dessen Aufgabengebiet meine Erkenntnisse
fallen würden. Herr Magister F. sei zuständig. An den
sollte ich mich wenden, vorerst telefonisch, denn Herr
Magister F. wäre meistens unterwegs. In der Zwischen-
zeit würde er die Dinge intern weiterleiten, damit Herr
Magister F. schon einmal wisse, worum es ging.

Dabei lächelte er mich süffisant an und ich wusste in der Sekunde, was es geschlagen hatte. Mit mir würde dort niemand mehr freiwillig sprechen.

Er beendete das Gespräch, indem er aufstand. Automatisch erhob ich mich mit ihm und ehe ich mich versah, stand ich vor seiner Tür.

Beim Hinuntergehen rang ich um meine Fassung. Und nun? Ich schleppte mich durch die Korridore und las unbewusst die Namensschilder, die neben den verschlossenen Türen angebracht waren. Auf einem stand Mag. F., der Name des Mannes, mit dem ich reden wollte.

Ein Wink des Schicksals, dachte ich. Ich drehte mich um, sah nach oben, von wo ich gerade gekommen war, und dachte: Wer ist nun schneller, du oder ich?

Es gab kein Zurück mehr. Schultern straffen, anklopfen und schon hatte ich die Türschnalle in der Hand. Ich landete in einem Vorraum, der den Blick zu einem weiteren Büro freigab, dessen Türe gerade offen stand. Ich räusperte mich. Eine freundliche Frau sah auf und ich fragte sie, ob dies das Büro von Herrn Magister F. sei. Die Frau bestätigte, dass es so sei, und wartete auf eine Erklärung meinerseits. Der Herr Magister wäre momentan nicht im Haus, ließ sie mich wissen.

»Ich hätte gerne einen persönlichen Gesprächstermin«, erklärte ich ihr. Gerade wäre ich bei einem Kollegen in einer komplizierten Angelegenheit gewesen, der mich hierher verwiesen habe. Als ich das Büro verließ, hatte ich tatsächlich einen Termin in der Tasche.

Die Sekretärin hatte mir ihre Mailadresse gegeben und ich hatte ihr eine Karte mit meinen Daten dort gelassen. Sowie ich auf der Straße stand, schrieb ich ihr von meinem Handy aus eine Mail und bestätigte den Termin samt Dankeschön.

Tja. Sie verschob nach einigen Tagen den ersten Termin, aber damit hatte ich gerechnet. Ich konnte davon ausgehen, dass es intern Gespräche über meinen Besuch gegeben hatte.

Erst viele Wochen später, genau zwischen den Weihnachtsfeiertagen, sollte es soweit sein. Kurz vor Silvester, es war noch 2015, fuhr ich, gründlich vorbereitet, noch einmal nach Wien. Ich handelte nicht nur im eigenen Interesse. Denn mittlerweile war mir klar, dass ich als Arbeitssuchende keine Chance mehr haben würde. Daher plante ich bereits, mich selbständig zu machen, denn ich wollte alles, nur kein echter Sozialfall werden. Davor hatte ich wirklich ganz furchtbare Angst. Ich hielt es jedoch für meine Pflicht als Staatsbürgerin, Herrn Magister F. meine Zahlen und Fakten und meine intensiven Erfahrungen als Arbeitslose zu präsentieren.

Am Weg nach Wien checkte ich zum wiederholten Male meine Lage und kam einmal mehr zu demselben

Ergebnis. Außer meiner Ehre hatte ich nur noch meine Berufs- und Lebenserfahrung, einen wachen Geist und den guten Willen, alles zu bewältigen, was sich mir an Problemen in den Weg stellte. Das war insgesamt nicht wenig, aber ausgerechnet in finanzieller Hinsicht doch etwas dürftig. Andere in meiner Situation hatten sich längst aufgegeben. Ich hatte jedoch immer wieder Lebenskrisen gemeistert und war deshalb zuversichtlich.

Ruhig und gefasst betrat ich die Räumlichkeiten, die ich schon kannte, und nach kurzem Warten wurde ich in das dahinterliegende Büro vorgelassen, wo mich Herr Magister F. begrüßte. Ein weiterer Mann saß am Tisch, blass und sichtlich angespannt. Als Willkommensgruß bedachte er mich mit einem feindseligen Blick.

Ich spürte seine Abneigung fast körperlich. Ohne dass jemand seine Anwesenheit bei dem Termin angekündigt hatte, war mir sofort klar, dass er der Hauptverantwortliche des AMS Niederösterreich für die Mitarbeiter im Außendienst war.

»Aber streiten tut's bitte nicht«, sagte Herr Magister F. leicht amüsiert, als er uns einander vorstellte.

Ich hatte alle meine Erkenntnisse über die Arbeitslosigkeit und die Betriebe in meiner Region, über die Situation der Über-Fünfzigjährigen, sowie Mitschriften meiner Gespräche mit anderen Arbeitslosen, in einer Mappe gesammelt. All das legte ich ihnen der Reihe nach vor. Zahlen, Daten und Fakten. Keiner der beiden Herren sagte etwas dazu. Sie nickten nicht. Sie schauten sich nur gegenseitig an.

An ihren Blicken und ihrem Stirnrunzeln bemerkte ich, dass sie nicht wussten, wie sie sich verhalten sollten und wie sie mich rasch und schmerzlos wieder loswerden konnten. Ich spürte, dass sich etwas zusammenbraute, und mein Gefühl täuschte mich nicht.

»Jetzt sage ich Ihnen einmal etwas«, sagte der Herr neben mir. »Ich komme gerade vom Urlaub in Tunesien zurück. Dort ist es den Menschen alles andere als gut gegangen. Das weiß ich ganz genau, weil ich es selbst gesehen habe. Das, was Sie uns hier erzählen, steht doch in keiner Relation.«

»Erlauben Sie mir bitte zu bemerken, dass ich gerade sehr mitleidsresistent gegenüber anderen Ländern und deren Situationen bin«, sagte ich, »denn wir haben hier in unserem Land selbst viele Probleme, von denen ich das Gefühl habe, dass diese Ihnen gerade entgleiten.«

Um meine Worte zu bekräftigen, legte ich meinen Trumpf auf den Tisch, die Ergebnisse meiner Telefonumfrage bei den Unternehmen meiner Region, und bat um Erklärung.

Noch ehe der von mir Angesprochene antworten konnte, mischte sich Herr Magister F. ein. »Sind Sie etwa gekommen, um den Job meines Kollegen zu übernehmen?«, fragte er launig.

Noch bevor ich Luft holen konnte, fuhr er fort. Er selbst hätte auch nur noch wenige Jahre bis zum Ruhestand, dann könne ich ja auch seinen Job übernehmen.

Die beiden Männer kamen mir in höchstem Maße wehleidig vor. Dabei saßen sie in ihrem kuscheligen Palais beruflich im Trockenen. Ich spürte ganz deutlich, wie sehr sie es mir übel nahmen, dass ich ihnen die Wirklichkeit da draußen vorhielt. Sie wollten sich offenbar nicht damit auseinandersetzen, und schon gar nicht mit mir.

Ich sagte sinngemäß, dass es wohl nicht der Zweck meines Besuches sei, jemandem hier die Arbeit wegzunehmen. Ich würde aber auch nicht bei einem der Vereine landen wollen, die unfreiwilligen Langzeitarbeitslosen Jobs vermitteln, die kein Mensch freiwillig machen würde.

Ob ich ihm denn konkret so einen Verein nennen könnte, fragte Herr Magister F. mich. Selbstverständlich hatte ich einen parat. Immer wieder hatte ich wahre Schauergeschichten von anderen Arbeitslosen über diese vom AMS finanzierte Vermittlungsstelle gehört.

Ich schaute ihm geradewegs ins Gesicht und nannte den Namen des Vereins.

»Den hab ja ich erfunden!«, rief er aus. »Das ist mir jetzt zu viel!« Er erhob sich, um entschlossenen Schrittes den Raum zu verlassen. Keine 15 Sekunden später kam er wieder retour, mit meinem Mantel in der Hand.

»Die Dame möchte gehen«, sagte er.

Was die Moral aus der Geschichte ist?

Wir kämpfen. Sehr wohl, das tun wir. Bloß Sie kämpfen nicht. Zumindest nicht für uns.

Für dumm verkauft

Anlässlich seiner Budgetrede 2016 brüstete sich Finanzminister Hans Jörg Schelling in einem Interview gegenüber der *Kronen Zeitung* mit einer für ihn offenbar erstaunlichen Erkenntnis. In einem Kaffeehaus habe ihm eine Dame erklärt, dass die Bevölkerung das Vertrauen in die Zukunft verloren habe. Dieses gelte es wieder zurückzuerlangen, und zwar mit der Wahrheit, die den Menschen durchaus zumutbar sei. »Nicht alle erkennen die Zeichen der Zeit«, philosophierte Schelling in dem Interview. »Die Wirklichkeit ist, dass die Menschen im Land viel weiter sind, als es manche Politiker glauben. Daher gilt es, den Österreichern reinen Wein einzuschenken.«

Sehr geehrter Herr Finanzminister, ich gratuliere, das haben Sie genau richtig erkannt. Bloß eine Frage: Warum haben Sie uns dann nicht einfach selbst reinen Wein eingeschenkt? Warum haben Sie sich nicht eine Stunde Zeit genommen, um uns im Staatsfunk ORF oder einem anderen Sender zu erklären, wie es um unser Staatsbudget wirklich steht? Und zwar nicht im Kreis von sieben anderen Streithanseln, auf die kein Mensch mehr neugierig ist, sondern Sie ganz allein? Immerhin leben wir in außergewöhnlichen Zeiten, die ebensolche Maßnahmen erfordern.

Ich bin mir ganz sicher, Ihr Auftritt hätte hunderttausende Menschen vor die Flimmerkiste gelockt. Wir, das Volk, hätten gerne darauf verzichtet, uns von der Ausstrahlung von Forest Gump & Co zum gefühlt hundertsten Mal den Abend rauben zu lassen. Es wäre für Sie persönlich und für die ganze Regierung eine echte Chance gewesen, sich die Zustimmung und den Respekt der Bevölkerung zu holen.

Wieso tun Sie es also nicht? Wieso reden Sie nicht direkt mit uns, deren Steuergeld Sie verwalten? Geht das Budget etwa nur die Parlamentarier etwas an? Sind für uns, das Volk, nur die plakativen Vergleiche da? Wir müssen von der Regionalliga wieder in die Champions League, volkswirtschaftlich gesehen. Coole Ansage. Aber wie wollen Sie das anstellen? Warum reden Sie alle, meine Damen und Herren in der Politik, so sichtbar an uns vorbei, wenn es um die wirklich wichtigen Dinge geht? Warum redet der Herr Finanzminister an uns, dem Volk, vorbei, wenn es einmal im Jahr um die eine Angelegenheit mit den größten Auswirkungen für uns alle geht, nämlich um das Budget?

Das tun Sie gar nicht? Weil Sie ohnedies immer alle Zahlen auf den Tisch legen?

Tatsächlich. Sie und Ihre Experten legen uns regelmäßig lustige Zahlen vor. Zum Beispiel die über die Pro-Kopf-Verschuldung jedes Staatsbürgers, die im Moment bei 39.519 Euro liegt. Ein Baby, das gerade geboren wird, kommt bereits mit diesem Anteil an den Staatsschulden zur Welt.

Aber mal ehrlich, was bedeutet das eigentlich? Haben wir tatsächlich mehr Schulden als die Griechen? Wie schlimm ist das? Wenn es schlimm ist, wo sind die Auswege? Warum eiern Sie immer im diffusen Bereich zwischen Wahlgeschenken und Sparpaketen herum, ohne uns den reinen Wein einzuschenken, von dem Sie selbst gesprochen haben? Wenigstens einmal im Jahr könnten Sie die Zahlen doch bitte so erklären, dass wir alles einigermaßen verstehen.

Oder können Sie das vielleicht gar nicht? Weil Sie die Zahlen selbst nicht verstehen? Weil Sie den Überblick verloren haben? Weil in Wirklichkeit niemand mehr den Überblick hat? Weil sich das System verselbständigt hat und Sie Ihre politische Aufgabe nur noch darin sehen, befreit von jeglicher eigenen Vision zu kommentieren, was ohnehin passiert?

Nebenbei hören wir aus den Medien von Korruptionsfällen, bei denen uns schwindelig wird, von Untersuchungsausschüssen, die trotz großer Inszenierung regelmäßig ohne Ergebnisse bleiben und von Bankenpleiten, bei denen sich viele Beteiligte vorher noch die Taschen vollgestopft haben. Was verdammt noch einmal ist da eigentlich wirklich los?

Am 16. Juni des Jahres 2016 betrug die Staatsverschuldung 292 Milliarden 741 Millionen 190 Tausend und 875 Euro. Das mag die korrekte Zahl sein, aber sie zu präsentieren bedeutet nicht, uns reinen Wein einzuschenken. Denn wer soll diese Zahl noch ernstlich verstehen und einordnen können? Sie wissen genau, dass wir das nicht können. Das kann wohl kaum jemand, der kein Studium der Wirtschaft absolviert hat. Uns Normalsterbliche trifft doch bereits bei 190 Tausend und 875 Euro der Schlag.

Einschätzbare wirtschaftliche Größenordnungen bewegen sich bei den meisten von uns im Rahmen unserer eigenen monatlichen Einnahmen. Bei berufstätigen Männern mit guter Qualifikation sind das durchschnittlich 2.786 Euro brutto im Monat, bei berufstätigen Frauen 1.890 Euro.

Damit können die meisten Menschen einigermaßen rechnen. Häuslbauern zum Beispiel oder jenen, die eine Eigentumswohnung kaufen, nimmt aber bereits die Bank das Rechnen ab. Die wenigsten von uns können selbst einschätzen, wie und ob sie sich einen Kredit leisten können und was große Ausgaben für ihren eigenen Haushalt letztlich bedeuten.

Das ist nicht so, weil wir dumm sind. Das ist so, weil wir den Großteil unserer Zeit darauf verwenden müssen, Geld zu verdienen. Im Alltag bleibt uns nur wenig Zeit, uns mit einer intelligenteren Verwendung des Verdienten zu befassen. Und Hand aufs Herz, bei dem, was die meisten von uns verdienen, lohnt sich das Herumtüfteln mit Zahlen kaum. Daher können die wenigsten von uns auf die Schnelle eine Übersicht über ihre Einnahmen und Ausgaben inklusive ihrer Steuern abrufen.

Erst recht sind wir damit überfordert, die staatlichen Einnahmen und Ausgaben und die daraus resultierende Verschuldung einzuschätzen, und das wissen Sie genau.

Für uns klingen die Zahlen gruselig, wie Science Fiction. Ob bei der Staatsverschuldung vorne 292 Milliarden, 922 Milliarden oder 92 Milliarden stehen, macht für uns keinen Unterschied.

Selber schuld, denken Sie? Sie finden, es wäre unsere Aufgabe als Bürger einer Demokratie, das alles zu verstehen? Ja was meinen Sie denn, wozu wir Sie gewählt haben? Wir haben Sie gewählt, weil Sie uns suggeriert haben, diese Dinge zu verstehen, sie zu unseren Gunsten handhaben und sie uns in einfachen Sätzen erklären zu können.

Und was tun Sie? Wenn die Wirtschaft einigermaßen läuft, kommt zu diesem Thema eher wenig von Ihnen. Wenn es knapper ist, reden Sie sich ein bisschen auf die EU oder zum Beispiel die gestiegenen Kosten für

Zuwanderer aus und missbrauchen dabei das Vertrauen, das wir in Sie gesetzt haben, indem Sie uns noch mehr unverständliche Zahlen servieren. Das klingt in der Budgetrede für 2016 zum Beispiel so:

Im Bereich Inneres liegt der Voranschlag 2016 daher um 497,7 Millionen über dem Voranschlag für 2015. Das hat vor allem mit den Mehrausgaben für die Flüchtlinge zu tun, worauf man noch gesondert eingehen werde. Aber auch 72 Millionen sind beschlossen worden, für ein Sicherheitspaket.

Wohin genau fließt dieses viele Geld? Ins Innere? Wo liegt unser Vorteil?

Wir sind nicht dumm, sondern Sie verkaufen uns für dumm. Was am Ende dabei immer bleibt, ist das Gefühl, dass es enger und immer enger wird. Dass wir ohnmächtig auf einen wirtschaftlichen Kollaps zusteuern, der sich gewaschen hat. Wir, denen die Wahrheit tatsächlich zumutbar wäre, und die wir bereit wären, das Nötige zu tun, damit es nicht soweit kommt.

Fassen wir die wirtschaftliche Lage zusammen, und verzeihen Sie mir bitte, dass ich dafür ausnahmsweise das Wort »Scheiße« verwenden muss. Eine treffendere Formulierung fällt mir einfach nicht ein.

Scheiße, die Lohn- und Lohnnebenkosten sind viel zu hoch!

Scheiße, die Anzahl der Konkurse steigt!

Scheiße, die Anzahl der Langzeitarbeitslosen explodiert!

Scheiße, die Kaufkraft sinkt!

Scheiße, die Mieten und Betriebskosten sind viel zu hoch!

Scheiße, die Lebensmittel sind im Verhältnis zu den Einkommen viel zu teuer!

Aufgepasst, meine Damen und Herren in der Politik, jetzt sage ich, das Volk, Ihnen etwas, das jeder außer Ihnen zu bemerken scheint, und das für Sie deshalb vielleicht besonders wichtig ist.

> *Sie wirken sowas von planlos angesichts der in diesem Land herrschenden wirtschaftlichen Zustände.*

Sie wollen uns allen doch nicht ernstlich erzählen, dass Sie auf unserer Seite gewesen sind, für uns die ganze Zeit mitgedacht haben und es trotzdem so weit gekommen ist.

Es nützt uns auch nichts, wenn der eine oder andere aus Ihren Reihen, getroffen von einer erleuchtenden Erkenntnis hysterisch durch die Gegend brüllt, Österreich sei abgesandelt. Denn das, meine Damen und Herren, das braucht uns wirklich niemand zu sagen. Das erleben wir als Bewohner eines der teuersten Länder der Welt jeden Tag selbst.

Immer mehr von uns müssen nicht nur auf gute Lebensmittel verzichten, sie können sich das Leben hier überhaupt nicht mehr leisten. Was sollen die Ihrer Meinung nach tun?

Gehen?

Da würden Sie schön schauen, wenn alle, die finden, dass hier die Dinge auf ihre Kosten falsch laufen, weg wären. Ich muss lachen bei der Vorstellung, über wen Sie dann noch regieren würden, aber es ist ein trauriges Lachen.

Was Sie jetzt tun sollen?

Entweder Sie bringen die Wirtschaft wieder in Schwung, damit es wieder Arbeitsplätze gibt, oder Sie sorgen dafür, dass die Preise sinken, damit wir hier menschenwürdig leben können. Punkt. Das wünscht sich nämlich die Mehrheit der Menschen in Österreich, egal welche Partei sie wählen, egal ob sie ungültig wählen, nicht wählen oder mangels Staatsbürgerschaft gar nicht wählen dürfen.

Wenn Sie sich das nicht zutrauen, bewerben Sie sich bitte nicht um ein politisches Amt, sondern suchen Sie sich einen anderen Job.

Wir, die Nazis

Im August 2016 machte mir ein kleines Ereignis bewusst, wie unsicher ich mich seit einer Weile in Österreich fühle. Damals veröffentlichte die deutsche Bundesregierung ein neues Zivilschutzkonzept mit der Empfehlung, einen für zehn Tage ausreichenden Notvorrat an Lebensmitteln und Trinkwasser im Haus zu haben. Das war nun doch einigermaßen alarmierend, wie auch die Reaktion der deutschen Medien und der deutschen Bevölkerung zeigte und ich war sicher, dass sich die deutsche Regierung etwas dabei gedacht hatte. Deshalb fragte ich mich, ob auch Sie, meine Damen und Herren in der Politik, uns die Einlagerung so eines Notvorrates empfehlen. Naheliegend wäre es ja gewesen, zumal ein Notfall für die Deutschen ja wohl leicht auch einer für uns sein könnte.

Also rief ich im Parlamentsklub der SPÖ an und bat um ein Gespräch mit jemandem, der zuständig sein könnte. Nach mehreren vergeblichen Versuchen, bei denen ich in der Warteschleife landete, sagte mir das Fräulein am Telefon, dass niemand mit mir darüber reden wolle. Ich solle doch bitte die Servicestelle des Bundeskanzleramtes anrufen.

Bei der Servicestelle hob ein Mann ab, der klang, als hätte ich ihn gerade aufgeweckt. »Die Deutschen halten ihre Bürger an, sich Notvorräte für zehn Tage zuzulegen«, sagte ich. »Haben Sie davon gehört?«

»Ja«, lautete die knappe Antwort.

Das Gespräch verlief, soweit ich es in Erinnerung habe, ungefähr so:

»Wer wäre denn für so eine Empfehlung in Österreich zuständig?«, fragte ich.

»Das weiß ich nicht.«

»Sollen wir uns auch so einen Notvorrat zulegen?«, fragte ich weiter. »Mir ist das wichtig. Ich habe eine Familie und Freunde.«

»Darauf darf ich nicht antworten«, sagte der Mann.

»Wieso nicht?«

»Bitte geben Sie sich die Antwort darauf selber. Ich muss jetzt ein anderes Gespräch annehmen. Wiederhören.« *Tuuut, Tuuut ...*

Tja.

Wenn Sie Manager wären, meine Damen und Herren in der Politik – aber lassen wir das lieber. So führt das doch zu nichts. Sie sind keine Manager, und wir können Sie nicht einfach feuern.

Ich habe Österreich wie gesagt in den guten Zeiten erlebt, in denen wir uns noch sicher gefühlt haben. Ich bin wütend über Ihre Versäumnisse, Ihr Missmanagement und Ihre Ignoranz, doch für mich war und bleibt dieses Land immer meine Heimat. Hier bin ich geboren, und voraussichtlich werde hier ich meine Augen für immer schließen.

Deshalb schmerzen mich am allermeisten nicht Ihre Verhaltensweisen, auch nicht deren Folgen für unsere wirtschaftliche Situation. Am allermeisten schmerzt mich, wie Sie mit Ihren Versäumnissen, Ihrem Missmanagement und Ihrer Ignoranz die Menschen verändern. Was ich in den Sozialen Medien an Aggression und echtem Hass zu lesen bekomme, lässt mich manchmal schlecht schlafen.

Dann frage ich mich, wie viele Schritte Menschen, die sich auf diese Weise im Internet äußern, noch davon entfernt sind, ihren Worten Taten folgen zu lassen. Ich habe jedenfalls das Gefühl, dass immer mehr von ihnen das Bedürfnis entwickeln, selbst zu handeln, womit die Unsicherheit erst recht steigt.

Vor kurzem traf ich einen Bekannten, der trotz der Hitze ein Sakko trug. Auf meine Nachfrage, ob ihm darin nicht zu warm sei, lächelte er mich eigenartig an und sah mir auffällig tief in die Augen. »Was ist los?«, fragte ich, denn offenbar war er kurz davor, zu platzen.

»Kennst du den Waffenhändler da vorne?«

»Wieso? Ist alles in Ordnung bei dir?«

Ich spürte, wie sich meine Stirnfalten zusammenzogen, als mein Bekannter seine Jacke öffnete. Mit der rechten Hand griff er in die Innentasche und zog eine Pistole so weit heraus, dass ich den Schaft sehen konnte.

Ich trat einen Schritt zurück. »Spinnst du?«, sagte ich. »Was soll das?«

Er lachte. »Keine Angst, sie ist nicht geladen.«

»Sieht super aus, findest du nicht? Das ist nur eine Schreckschusspistole mit Gaspatronen, aber hättest du das erkannt?«

Ich schüttelte den Kopf. »Bist du übergeschnappt? Wofür soll die gut sein?«

Er sei keiner von denen, die sich wehrlos überfallen lassen würden, sagte er, und dass wir in diesem Land uns nicht mehr auf die Polizei verlassen könnten. Beim Waffenhändler sei schon seit einer ganzen Weile die Nachfrage nach Gaspistolen und Pfeffersprays deutlich gestiegen, erzählte er mir. Er habe eine Weile warten müssen, bis seine Bestellung endlich eingetroffen sei.

Bei diesen Worten griff er in die äußeren Seitentaschen seines Sakkos und zog aus jeder eine Spraydose, die er mir voll Stolz präsentierte.

»Damit bin ich sicher«, sagte er und strahlte mit der Sonne um die Wette.

Mir schnürte es den Hals zu. »Pass nur auf«, sagte ich, »dass du dich damit nicht selbst verletzt.« Daraufhin verabschiedete ich mich rasch und ging meiner Wege.

Diese Begegnung beschäftigt mich noch heute. Vor allem deshalb, weil es bei uns in der Gegend, im niederösterreichischen Neunkirchen, kaum Überfälle oder dergleichen gibt. Hier leben ein paar Asylwerber, aber die leben zurückgezogen und verhalten sich ruhig.

Wovor hat mein Bekannter, der doch ein gestandenes Mannsbild ist, so viel Angst? Wieso gehen so viele zum Waffenhändler? Bin nur ich so naiv? Sollte auch ich präventiv aufrüsten? Muss ich solche Angst haben? Nein. Ich will diese Angst nicht haben. Schon gar nicht ohne konkreten Anlass. Ich will in Frieden leben und nicht mit dem Krieg im Kopf.

Schimpfen und Waffen, beides ist ein Ausdruck von Gewalt, beides ist bedenklich, und Sie, meine Damen und Herren in der Politik, haben noch nicht richtig mitbekommen, wie viel da bei uns schon in Bewegung geraten ist.

Vielleicht sollte ich besser sagen: Sie haben nicht mitbekommen, wie viel Sie mit Ihren Versäumnissen, Ihrem Missmanagement und Ihrer Ignoranz bei den ganz großen Themen schon in Bewegung gesetzt haben.

Mit Schrecken erinnere ich mich in diesem Zusammenhang vor allem daran, wie uns die Flüchtlingswelle 2015 erreichte und wie überrascht Sie taten, als so viele Menschen vor unseren Toren standen. Mehr als eine Million waren es am Ende.

Als ich in einer ruhigen Minute darüber nachdachte, kam ich zu dem Schluss, dass Sie es gewusst haben müssen. Dass es zumindest Ihre Aufgabe gewesen wäre, es zu wissen. Denn so unvorhersehbar war das nicht. Mehrere Millionen Menschen nahmen Fußwege von hunderten Kilometern auf sich, um in den Westen zu gelangen. Sie mussten unterwegs schlafen und sich versorgen. So eine Völkerwanderung kann Ihnen doch nur durch absichtliches Wegschauen entgangen sein.

Wahrhaftig, ich habe es keinem einzigen Flüchtling übel genommen, dass er hergekommen ist. Die wahre Katastrophe bestand darin, wie Sie die Situation gehandhabt haben. Wäre Österreich eine Firma und Sie die Manager – aber wie gesagt, lassen wir das.

Sie haben als Politiker nicht nur beim Krisenmanagement versagt, sondern Sie versagen seither auch beim vielleicht noch wichtigeren allmählichen Abarbeiten dieses Problems, das für so viel Verunsicherung und Angst im Land sorgt. Sie scheitern an der Aufgabe, die Menschen, die ins Land gekommen sind, und die, die schon da waren, aufeinander abzustimmen.

So etwas ist leichter gesagt als getan, finden Sie? Klar, es ist nicht einfach. Aber es hat auch nie jemand von uns behauptet, dass Politik ein einfaches Geschäft ist, und so schwierig scheint es mir dann auch wieder nicht zu sein.

Jüngst stand ich an einem Samstag in meinem Laden und wartete auf Kundschaft, als ein Herr mittleren Alters die Tür aufriss. »Haben Sie Kreuze?«, fragte er.

Nun macht mein kleiner Laden, in dem ich Produkte wie rutschfeste Brausematten oder handliche Fitnessgeräte verkaufe, nach außen bestimmt nicht den Eindruck, als würde ich Devotionalien verkaufen. Doch der Mann schloss aus meiner Verwirrung, ich hätte ihn nicht richtig verstanden. Also trat er endgültig ein und fragte noch einmal. »Kann ich hier Kreuze kaufen?«

»Tut mir leid, ich verkaufe keine Kreuze«, sagte ich.

Als würde er mir nicht glauben, sah er sich um.

Ich beschrieb ihm den Weg zu einem Laden in der Nähe, in dem er fündig werden würde.

»Glauben Sie, die haben dort auch Rosenkränze?«, fragte er.

Sein besorgter Gesichtsausdruck machte mich neugierig. Auf meine Frage hin erzählte er mir die unglaublichste Geschichte, die ich seit langem gehört hatte.

Er lebte in einem Gemeindebau und hatte mitbekommen, dass alle dort lebenden Türkinnen im gebärfähigen Alter schwanger waren. Er nahm an, dass sie samt und sonders der Aufforderung des türkischen Präsidenten Recep Tayyip Erdoğan nachkamen, fünf statt nur drei Kinder zur Welt zu bringen, damit ihr Nachwuchs Europa überrennen könne. Deshalb wollte er sein Auto mit Kruzifixen und Rosenkränzen vollhängen, damit »diese Muslime« gleich sehen könnten, dass er sich auf gar keinen Fall »kampflos ergeben« wolle.

Halleluja!

Der Mann war so aufgeregt, dass ich befürchtete, er würde auf dem Weg zu dem anderen Laden einen Herzinfarkt erleiden. Zur Beruhigung nickte ich ihm erst mal zu, um ihm zu zeigen, dass ich alles verstanden hatte, und um ihm nur ja nicht das Gefühl zu geben, ich sei gegen ihn. Das hätte ihn bestimmt nur noch mehr aufgeregt. »Haben Sie noch einen Moment Zeit?«, fragte ich ihn. »Ich habe gerade Kaffee gekocht.«

Alsbald standen wir an meinem Stehtisch und plauderten. Ich fragte ihn, ob er einen Internetanschluss besitze, den er auch benutze.

Er nickte.

Da schrieb ich mit möglichst neutralem Gesicht eine Frage auf einen Zettel.

Wie viele Türken leben in Österreich?

»Googeln Sie das«, sagte ich, »dann bekommen Sie einen Überblick über ihr momentanes Problem.«

Der Mann nahm mir den Zettel aus der Hand. Er wirkte ehrlich interessiert. »Kennen Sie die Antwort?«, fragte er.

Ich nickte. »Also, es gibt in Österreich etwa 312.000 Menschen mit türkischen Wurzeln. Damit meine ich alle, also auch jene, die schon in der dritten Generation hier leben, und die vermutlich sowieso nur mäßiges Interesse daran haben, irgendjemanden oder irgendetwas zu überrennen. Sie verstehen?«

Er sah mich wortlos an.

»Diesen 312.000 Menschen stehen in unserem Land 8,4 Millionen Menschen gegenüber, die keine Türken sind.« Ich rollte mit den Augen. »Also selbst wenn wirklich alle Menschen mit türkischen Wurzeln fünf Kinder kriegen und die dann tatsächlich Lust auf Überrennen haben sollten, statt darauf, sich einen Job zu suchen und ein gutes Leben zu führen, würden sie es zumindest zu Ihren Lebzeiten nicht mehr schaffen.« Ich trank einen Schluck Kaffee.

Nach einem kurzen Moment des Überlegens tat er es mir gleich und lächelte mich an.

Das war's. Alles gut.

War der Mann vielleicht nicht ganz bei Trost? Doch, war er, denn wir haben uns noch eine Weile unterhalten und es war ein interessantes und schließlich entspanntes Gespräch.

War er ein Nazi, weil er offen über seine Ängste gesprochen hat? War er nicht. Er war bloß ein Österreicher, der sich aufgrund einseitiger Informationen gefürchtet hatte.

Ich war ein bisschen stolz darauf, im Gespräch mit ihm einen Beitrag zum Frieden geleistet zu haben, aber was, meine Damen und Herren in der Politik, ist nun eigentlich Ihr Beitrag zu diesem Thema?

Etwas anderes, als unsere Ängste zu ignorieren und sie als Ausländerfeindlichkeit abzutun oder sie erst recht zu schüren, fällt Ihnen zum Thema Zuwanderung bisher scheinbar nicht ein.

Wie, glauben Sie, wäre die Sache ausgegangen, wäre der Mann im Laden eines Ängste-Ignorierers gelandet? Oder in dem eines Ängste-Schürers? Warum nehmen Sie sich nicht die Zeit, sich ernsthaft mit uns zu unterhalten, um erst einmal zu erfahren, was wirklich die Probleme mit der Zuwanderung sind und wie sie sich lösen lassen?

Wissen Sie, was bei Ihrer Art von Politik herauskommt? Irgendwann können Kleinigkeiten Katastrophen auslösen.

Ich war einmal dabei, als ein älterer Herr stürzte und unglücklich mit dem Kopf am Asphalt der Fahrbahn aufschlug. Jam, ein junger Bursche mit dunkler Haut, kam gerade des Weges. Er eilte hin, um dem Mann zu helfen. Dessen Ehefrau interpretierte das beherzte Eingreifen Jams falsch. »Überfall!«, schrie sie, so laut sie konnte.

Der ältere Herr hatte sich an beiden Ellbogen blutende Schrammen geholt. Mit verzagtem Gesicht zog Jam ihn noch auf den Rasenstreifen neben der Straße und ließ ihn dort wegen des Geschreis der Frau liegen.

Ich kannte Jam, der in einem Laden in der Nähe arbeitete, als freundlich und immer hilfsbereit. Einen Überfall hätte er niemals begangen, schon gar nicht wenige hundert Meter von seinem Arbeitsplatz entfernt. Wäre aber in diesem Moment ein mit Wut aufgeladener Mann mit einer Waffe um die Ecke gekommen, hätte es für Jam vielleicht schlecht ausgesehen. Zumal seine Hände voller Blut waren. Er hat offenbar dasselbe gedacht und gleich das Weite gesucht.

Verständlicherweise war Jam sehr aufgebracht. Als ich ihn am folgenden Tag traf, hatte ich keine Chance mehr, die Dinge zurecht zu rücken, weil er sich bereits beim Leben seiner Mutter geschworen hatte, nie mehr jemandem außerhalb seines persönlichen Bekanntenkreises zu helfen.

Bei der Art von Politik, die Sie betreiben, kommt uns die Menschlichkeit abhanden.

Heutzutage sprechen wir über Menschlichkeit am ehesten dann, wenn es um die Dinge geht, die wir verloren haben.

Zurück zur Menschlichkeit.

Wäre das nicht auch ein Parteiprogramm? Oder glauben Sie wirklich, dass Sie als Politiker nur überleben können, wenn Sie polarisieren, indem Sie unsere Sorgen entweder ignorieren oder schüren?

Sie von der Fraktion der Ignorierer haben in einem Punkt ganz recht. Das Schüren der Ängste, wie es die andere Fraktion betreibt, bedeutet, Menschen gegeneinander aufzuhetzen, und das ist vielleicht die schlimmste aller möglichen politischen Reaktionen auf die Zuwanderung. Aber was Sie tun, ist nicht viel besser. Sie haben die Nazi-Keule ins Spiel gebracht, die jetzt auf uns herunter saust, wenn wir nicht wissen, wie wir mit den vielen neuen Mitbürgern umgehen sollen.

Sie haben Sie aus purer Überforderung damals ins Spiel gebracht, als Haider kam. Ich sehe ihn noch vor mir, jung, frech und vorlaut, aber auch mutig und stark. Solange ich lebe, werde ich nie das Bild vergessen, wie meine Mutter mit Lockenwicklern ins Wohnzimmer gerannt kam, weil sie im Fernseher seine Stimme erkannt hatte. Sie war mit vollem Herzen dabei, wenn er sprach und ich war jedes Mal erstaunt, sie so zu sehen.

Politik war bis dahin ein Tabuthema in unserer Familie gewesen. Nur äußerst selten gaben meine Eltern ein Statement dazu ab. Es lag wohl an ihren Erfahrungen während des Krieges. Meine Mutter kam 1930 zur Welt und hatte ihre Kindheit in Waisenhäusern verbracht. Sie hatte immer wieder beklagt, dass ihr diesen Teil ihres Lebens die Politik gestohlen hatte, und deshalb wollte sie nichts mit ihr zu tun haben.

Doch Haider in seiner klaren und offenen Art, mit Missständen umzugehen, schien meine Mutter zu erreichen. Und sie hörte ihm auch zu, als er das Thema Zuwanderung für sich entdeckte, das die etablierten Parteien die ganze Zeit über ignoriert hatten.

War meine Mutter deshalb ein Nazi? Natürlich nicht. Doch genau diesen Vorwurf musste sie und alle anderen sich gefallen lassen, die sich allein gelassen fühlten und deshalb auf die Polarisierer hereinfielen.

Damit ging sie allmählich auf, diese Kluft zwischen den Anhängern der Ignorierer und jenen der Polarisierer, über die es kaum noch Brücken zu geben scheint. Heute, im Jahr 2017 strecken Menschen als Folge der politischen Fehler von damals mit neuer Leidenschaft den Zeigefinger auf andere und beschmutzen sie mit dem schlimmsten aller Unworte, als »Nazis«. Ich verstehe die Frau, die auf Facebook geschrieben hat:

Wie soll ich meinen Kindern die Nazis von damals erklären,
wenn sich junge Menschen heute gegenseitig so betiteln?

Das eigentliche Problem, diese Kluft, wird dabei immer größer. Ich kenne zwei Familien, die viele Jahre lang Zaun an Zaun friedlich nebeneinander gewohnt und einander geholfen haben, wo immer es nötig war. Ob beim Häuslbauen, bei der Kinderbetreuung oder wenn einmal einer der Frauen das Salz oder das Mehl ausgegangen war, immer konnten sie die Nachbarn um Hilfe bitten.

An manchen Wochenenden im Sommer grillten sie miteinander und ihre Kinder spielten einmal in dem einen Garten und dann wieder im anderen. Bis an dem einen verfluchten Abend die Rede auf die Ausländerpolitik kam und die Männer auf eine Art aneinander gerieten, wie es bis dahin undenkbar gewesen wäre. Die Frauen mussten an ihnen zerren, damit sie nicht aufeinander losgingen, und die Kinder weinten, weil sie dachten, ihren Vätern passiere Schlimmes.

Die beiden Familien sind jetzt zutiefst verfeindet. Um keinen Preis würden sie einander auf der Straße grüßen. Die Kinder können es nicht fassen, dass sie nicht mehr miteinander spielen dürfen. Ein kleines Stück heile Welt ist da Ihrer Versäumnisse wegen wieder verloren gegangen. Und was kommt als Nächstes?

Das Wort ist im politischen Diskurs schon gefallen. Kommt als nächstes ein Bürgerkrieg, in dem aus Hasspostings endgültig Taten und aus Gaspistolen welche mit scharfer Munition werden?

Sie sind es, meine Damen und Herren in der Politik, die solche Gräben aufreißen. Die Österreicher hassen einander mittlerweile, und besondere Angst macht mir das ganz und gar Irrationale an diesem Hass. Da hasst zum Beispiel ein fleißiger Bäcker, der seit Jahrzehnten sein Viertel mit frischem Brot und knusprigen Semmeln versorgt, einen braven Arbeiter und liebenden Vater, der seine Eltern bis zu ihrem Tod aufopfernd gepflegt hat.

Und warum? Weil die beiden unterschiedlicher politischer Meinung sind. Sie gehören unterschiedlichen politischen Lagern an, die sich im Internet unflätig beschimpfen.

Wenn Sie sich der Emotionen bedienen und auf- statt ab-wiegeln, dann ist das ein schweres Vergehen gegen die Idee eines friedlichen und sicheren Österreich.

Wie wollen Sie den Frieden im Land garantieren? Dieser Vorwurf geht nicht nur an die Hetzer. Wenn Sie dem Volk nicht klipp und klar sagen, was Sie für unser Land und unsere Zukunft tun müssen, wenn Sie Einwanderung nur verschämt zulassen, so als wären Sie ohnmächtig, dann schüren Sie Unsicherheit.

Wie aus jeder Statistik zum Thema Bevölkerungsentwicklung gut herauszulesen ist, müssten wir in Europa eigentlich sagen: Bitte alle ihr da draußen, kommt zu uns, wir tragen euch auf Händen, wenn ihr bei uns bleiben wollt.

Und wieso sollten wir das tun? Weil sich unser Bevölkerungszuwachs nicht ausreichend entwickelt. Wenn wir keine Zuwanderung zulassen, wird niemand unsere Pensionen finanzieren.

Warum sagen Sie das der Bevölkerung nicht? Weil Sie lieber vor den Hetzern kuschen, im Glauben, wir würden alle auf sie hereinfallen, was absolut nicht stimmt.

Oder weil Sie sich lieber zu Advokaten der »armen Flüchtlinge« aufspielen, womit Sie nur Realitätsferne beweisen.

*Wir haben in Wirklichkeit keine »Flüchtlingskrise«, son-
dern eine Krise des politischen Mutes und der guten Ideen.*

Was Sie endlich verstehen sollten, ist, dass Sie auch in
dieser Frage uns, das Volk, zu vertreten haben. Wir wollen in einem friedlichen, wohlhabenden und schönen
Land leben. Genau das wollen auch die Menschen, die
zu uns kommen. Daraus ergeben sich Schwierigkeiten.
Wenn sie das nächste Mal auftreten, wollen wir darauf
vertrauen können, dass Sie aus dem Chaos von 2015 gelernt haben und beim nächsten Ansturm weder uns
noch die Flüchtlinge im Regen stehen lassen. In solchen
Situationen wollen wir Führungsqualitäten sehen, die
uns das Gefühl geben, dass Sie die Lage im Griff haben.

Wir haben eine Geschichte, die uns zum Glück ein-
dringlich vor völkischem Gedankengut warnt. So etwas wollen wir nicht mehr. Auch sehr viele, die FPÖ
wählen, wollen das ganz bestimmt nicht, glauben Sie
mir. Wir wollen, dass alle die Gesetze unseres Landes
unabhängig von kulturellen Einstellungen achten und
bei Vergehen alle die Strafe erhalten, die das Gesetz
vorsieht. Nicht mehr und nicht weniger. Wenn es Kon-
flikte gibt, die Sie nicht selbst in den Griff bekommen,
wollen wir uns darauf verlassen können, dass Sie Experten dafür holen und dass alle im Sinne einer friedlichen aber wehrhaften Demokratie handeln.

Mehr ist es nicht. Ist das so schwierig?

Wenn wir uns mit solchen Problemen nicht an Sie wenden können, an wen denn dann? Bleiben uns nur noch unsere Freunde und Bekannten, denen es auch nicht besser geht als uns selbst?

In Zeiten der Flüchtlingskrise 2015 schien sich die Kirche als Problemlöserin anzubieten. Doch die geistlichen Herren können nicht erledigen, was Sie versäumen. Ich habe das selbst erlebt. Ich weiß, dass in Österreich viele Menschen anderen im Namen der Kirche helfen. Trotzdem würde ich nach meinen Erfahrungen nicht mehr auf sie bauen und hoffe, dass auch Sie es nicht tun.

Vor ungefähr einem Jahr sprach mich auf offener Straße ein junger Rumäne an. Er war auf der Suche nach einem Geistlichen, von dem er gehört hatte, dass er ebenfalls aus Rumänien stammt, und den er um Rat und Hilfe bitten wollte.

Ich hatte von diesem Geistlichen gehört, ohne ihm persönlich begegnet zu sein. Dennoch hielt ich mich vorerst bedeckt. Ich fragte den jungen Mann, ob er diesem Geistlichen seinen Besuch angekündigt habe, und ob er vielleicht sogar einen Termin bei ihm habe.

Der junge Mann wirkte daraufhin verzweifelt. Er erzählte mir, er sei alleine nach Österreich gekommen und habe hier keinen Anschluss gefunden. Vor allem wolle er sich nach langer Zeit wieder einmal bei jemandem in seiner Landessprache aussprechen und wieder einmal in Gesellschaft beten. Überhaupt bräuchte er ganz dringend ein paar gute Ratschläge, die ihm Kraft und Zuversicht schenken würden, damit er sich in seiner momentan schwierigen Situation besser zurecht finden könne.

Sein Anliegen kam mir vernünftig vor. Wäre ich in seiner Lage gewesen, ich hätte vielleicht ähnlich gehandelt und einen Österreicher gesucht, um mich mit ihm auszutauschen. Der junge Mann war einverstanden, dass ich den Pfarrer erstmal anrief, um ihn auf den Besuch vorzubereiten.

Ich stellte mich am Telefon kurz vor, erklärte dem Gottesmann wortgetreu das Anliegen seines Landsmannes und schloss mit der Frage, ob ich ihn vorbeischicken könne. Da fuhr mich der Geistliche an. Was ich mir eigentlich einbilde? »Wieso bilden Sie sich ein, mir einen Bettler zu schicken zu können?«

Ich ließ fast das Handy fallen. Er hatte mich echt am falschen Fuß erwischt. Erst dann donnerte ich los. »Ich bilde mir gar nichts ein. Ich habe aus Höflichkeit angerufen, um Sie auf den Besuch eines Landsmannes vorzubereiten. Von Betteln war nie die Rede.«

»Dann soll er halt herkommen!«, sagte der Pfarrer. »Pffffffff!«

Ich musste erst mal Luft ablassen.

Erst jetzt bemerkte ich den verzagten Blick des jungen Mannes. Er hatte mitbekommen, wie das Gespräch verlaufen war.

»Alles in Ordnung!«, sagte ich. Mit aufmunterndem Lächeln beschrieb ich ihm den Weg zum Pfarrhaus. »Es ist nicht weit. Der Herr Pfarrer meinte, Sie können kommen.«

Er schüttelte den Kopf. Er traute sich nicht mehr alleine dorthin. Mit mäßiger Begeisterung erfüllte ich ihm die Bitte, ihn zu begleiten. Was hätte ich tun sollen? Ihn einfach stehen lassen? »In Gottes Namen«, sagte ich.

Als ich auf die Klingel des Pfarrhauses drückte, reagierte niemand. Wir warteten und ich läutete abermals. Mehrmals. So vergingen zehn Minuten und mit jeder Minute und jedem Klingeln wuchs mein Ärger. Wir wollten schon wieder gehen, als wir drinnen Geräusche hörten.

Ich verabschiedete mich rasch von dem jungen Mann, wünschte ihm Glück und eilte davon, denn meine Stimmung hätte dem Gesprächsklima bestimmt geschadet.

Ich war noch keine fünf Minuten am Rückwegweg, als ich hinter mir eine Stimme hörte. »Hallo, bitte warten Sie!« Es war der junge Rumäne.

In kurzen Worten erzählte er mir, was sich gerade beim Pfarrer zugetragen hatte. Der hatte ihm empfohlen, nach Wien zu fahren und dort sein Glück zu versuchen. Er könne ihm jedenfalls nicht weiter helfen. Damit hatte er ihn wieder vor die Türe gesetzt. Das wars.

Traurig, nicht wahr? Wohin soll ein Mensch sich wenden, wenn ihm niemand helfen will, oder wenn ihn alle nur mit Halbherzigkeit abspeisen? Wenn sich sogar Diener Gottes hüten, ihr Herz für ihn zu öffnen?

Ein anderes Mal, am Höhepunkt der Flüchtlingskrise 2015, trat ich an eine Pfarre mit dem Vorschlag heran, angesichts der Überfüllung des Flüchtlingslagers Traiskirchen, vor Ort auszuhelfen. Wir als Österreicher können bei so etwas nicht tatenlos zusehen, dachte ich und plante, einige Zelte für die Flüchtlinge aufzutreiben. Geld dafür hatte ich keins, aber dafür die Zusage einiger ebenfalls bestürzter Sportartikelhändler, Zelte für ein paar Euro das Stück abzugeben.

Die Pfarre wollte mir zunächst helfen, sagte aber nur wenige Minuten darauf wieder ab. Auf meine Nachfrage hin erklärte mir der Dechant, sie hätten bereits eine andere Hilfsstrategie. Sie würden für Flüchtlinge Wohnungen umbauen, und wollten sich deshalb bei meinem Vorhaben nicht beteiligen. Ich argumentierte, dass die Flüchtlinge ja gerade jetzt zumindest ein Zeltdach über den Kopf brauchen würden, und dass es gerade einmal um fünfzig oder hundert Euro ging, um auch andere Spender zu motivieren.

Doch der Dechant blieb dabei. Man habe nun einmal einen anderen Plan beschlossen. Die Pfarre wäre für Traiskirchen nicht verantwortlich und sie könnten nicht jedem helfen, der in Not sei.

Es liegt mir fern, die Kirche und ihre Mitarbeiter pauschal zu verurteilen, denn auch diese Institution besteht aus unterschiedlichen Menschen mit unterschiedlichen Charakteren. Doch wenn die Barmherzigen zulassen, dass mitten unter ihnen die Hartherzigen wichtige Positionen bekleiden und ihre Härte mit den Verdiensten der Barmherzigen tarnen, dann wird aus der Mutter Kirche eine entfernte Tante, auf die wir uns im Ernstfall nicht verlassen können.

Das dahinterliegende Problem beschränkt sich nicht auf die Kirchen. Warum sind so viele Menschen so hart, so unbarmherzig, so voller Ablehnung? Warum ausgerechnet gegenüber Menschen, die in den vergangenen Jahrzehnten aus anderen Ländern gekommen sind, und gegenüber deren Nachfahren?

Sie, meine Damen und Herren in der Politik, geben uns ein schlechtes Beispiel. Das Scheitern der Integration beginnt ganz oben und setzt sich auf allen Ebenen fort, weil es überall Einzelne gibt, die mit ihrer Feindseligkeit unser Klima vergiften.

Unlängst habe ich mich mit einem Bekannten unterhalten, der in Österreich geboren, türkischer Abstammung und stolzer Vater von zwei entzückenden Kindern ist. Weil Sommer war, kamen wir auf das Thema Urlaub zu sprechen. Er erzählte mir, dass er den Urlaub immer daheim verbringt. »Du könntest in Österreich Urlaub machen«, sagte ich. »Es gibt wunderschöne Gegenden.«

Er schüttelte den Kopf. Er bleibe lieber dort, wo man ihn schon kennt und er Freunde habe, sagte er. In der nächsten Umgebung und im Freibad. Denn obwohl sie alle hier geboren seien, hätten sie nie das Gefühl, als Gäste willkommen zu sein. »Es geht nicht ums Geld, Evelyne«, versicherte er. Ihnen sei vielmehr ihr Frieden lieber, als zwei Wochen lang ein Leben als Touristen zweiter Klasse führen zu müssen.

Darüber habe ich sehr viel nachgedacht, meine Damen und Herren in der Politik, und ich finde, das sollten Sie auch tun. Wieso fahren unsere türkischstämmigen Mitbürger im eigenen Land nicht auf Urlaub? Wieso geben sie sich nicht ebenfalls dem Vergnügen des Schifahrens, des Windsurfens, der Berge und des Wanderns hin, und warum sehen sie sich nicht unsere schönsten Städte an? Wie viele Touristen mit türkischen Wurzeln sind Ihnen schon am Wörthersee, im Schloss Schönbrunn oder auf der Rax begegnet?

Die Zuwanderer der ersten Generation trugen ihr Erspartes jeden Sommer in die Türkei und legten sich dort einen Alterswohnsitz zu. Die hatten dort noch Wurzeln. Aber was ist mit denen, die hier geboren sind? Für sie ist die Türkei wie für den Rest der Welt derzeit kein besonders attraktives Urlaubsland. Das sind Menschen, die hier leben werden, wenn sie alt sind, und deren Kinder ebenfalls hier daheim sind.

Schade finde ich es, dass sie ihr Geld nicht in den heimischen Tourismus fließen lassen, denn unsere Wirtschaft könnte es wahrlich gut gebrauchen. Ich finde, das wäre auch der Integration dienlich, und zwar deshalb, weil sich diese Menschen dadurch anders an unser Land binden würden. Mit Zuneigung und Wertschätzung, weil sie hier unvergessliche Stunden erleben könnten.

Haben Sie übrigens schon einmal einen türkischstämmigen Bettler in Österreich gesehen? Ich noch nie. Ich finde, das sagt sehr viel über diese Menschen aus.

Das Gleiche gilt übrigens auch für unsere Mitbürger aus dem ehemaligen Jugoslawien. Ich habe Freunde unter ihnen, und ich habe sie alle bisher als fleißige und freundliche Menschen kennengelernt. Hut ab, vor allem vor jenen, die unter schwierigsten Umständen hier angefangen haben und heute unseren Staat mit ihren Steuerabgaben unterstützen. Hut ab vor denen, die sich von diesen ewigen Hetzereien noch nicht vertreiben lassen haben und an ihren in Österreich geknüpften Freundschaften festhalten. Hut ab vor denen, die mit dem Terrorismus nichts zu tun haben, die nicht müde werden, uns zu erklären, dass sie sich genauso fürchten, und die sich dennoch ständig rechtfertigen müssen.

Bisher gibt es nur da und dort Reibereien und noch sind sie leicht unter Kontrolle zu bringen. Wenn Sie allerdings so weitermachen, mein Damen und Herren in der Politik, wird eine Generation von jungen Österreichern heranwachsen, die Österreich hassen wird. Dann wird es die Probleme, die Hetzer jetzt so gerne beschwören, tatsächlich massenhaft geben.

Wir sind die Wirtschaft

Um die Arbeitslosenzahlen zu beschönigen, lassen Sie seit einigen Jahren massenhaft so genannte Fachtrainer und Fachtrainerinnen ausbilden. Ich war eine davon. Fachtrainerin für Marketing und Vertrieb. Besser eine solide Ausbildung, als daheim hocken und sinnlos Bewerbungen schreiben.

Die meisten Ausbildungen, die das AMS finanziert, sind entweder Beschäftigungstherapie oder Schikane für die Arbeitslosen. Deshalb habe ich meine AMS-Beraterin so lange bearbeitet, bis sie mir eine bessere Ausbildung genehmigte. Mit der Trainerausbildung hatte ich einen Haupttreffer gelandet. Dabei lernte icht tatsächlich etwas. Die Aussicht, danach einen Job als Trainerin zu bekommen, beflügelte mich zusätzlich.

Zum Abschluss meiner Ausbildung durfte ich ein Praktikum beim Berufsförderungsinstitut (BFI) in Traiskirchen absolvieren. Für immer werden mir diese Wochen in Erinnerung bleiben. Denn abgesehen davon, dass das BFI eine großartige Einrichtung mit ausgesprochen guten und engagierten Trainern ist, sind zugleich die Schicksale der Menschen, denen ich dort begegnet bin, bedrückend.

Ich begleitete drei Klassen als Co-Trainerin: die zukünftigen Versicherungsfachfrauen und -männer, die

Baumarktverkäuferinnen und -verkäufer und nicht zuletzt die Restaurantfachfrauen und -männer.

Wenn ich hier von »Frauen und Männern« spreche, sei dazugesagt, dass es sich durchwegs um noch sehr junge Menschen handelte, die, weil sie keine Lehrstelle gefunden haben, beim BFI eine Berufsausbildung machten.

Jetzt stellen Sie sich doch bitte die Situation dieser jungen Menschen vor. In den Klassen waren stets weit mehr als zwanzig Personen, die am Ende eine Lehrabschlussprüfung ablegen sollten, um dann zum Beispiel als ausgebildete Baumarktverkäufer ihr Geld zu verdienen.

Dafür mussten sie alles übers Bauen lernen. Sie mussten wissen, wie Mörtel angerührt wird, welche Steine sich für eine Einfahrt eignen, welche für eine Mauer, wie viel Last welcher Träger halten kann, welche Farbe auf welchem Untergrund hält und so weiter. Damit sie später fähig sind, jeden Kunden zu beraten. Die Ausbildung war nichts für »Dummchen«. Ich habe die Tests gesehen. Also wirklich, ich kam aus dem Staunen nicht heraus.

Die jungen Menschen waren alle höchst engagiert und wirklich fleißig. Wie es sich gehört, lief unter ihnen trotzdem ganz oft der Schmäh, wobei sie nie vergaßen, sich zuerst auf ihre Leistung zu konzentrieren.

Im Zuge ihrer Ausbildung mussten sie eine bestimmte Anzahl von Praktikumsstunden bei einem
Baumarkt absolvieren, um bei zukünftigen Einstel-
lungsgesprächen auch Praxis vorweisen zu können.
Ihre Arbeitskraft bekamen die Baumärkte als Prakti-
kumsgeber gratis.

Als es am Ende des Schuljahres wieder einmal an
der Zeit war, sich einen Praktikumsplatz zu suchen,
liefen im Pausenhof einige Gespräche darüber.

»Oh Gott«, sagte eine junge Frau zu mir, »das wird
wieder eine Bettelei. Ich kann nur hoffen, dass mich jemand nimmt.«

Ich war total überrascht.

»Die wollen uns nicht«, erklärte sie weiter, »weil wir
von einem externen Ausbildungszentrum kommen.
Das lassen sie uns spüren. Ich komme mir jedes Mal
wie eine Aussätzige vor, wenn ich mich vorstelle.«

Ich spürte einen unangenehmen Druck in der Magengegend, denn mir tat dieses, pardon, Mädchen,
so leid. Ich nahm das Thema gleich mit in die Klasse,
denn ich wollte wissen, ob es nur Einzelne betraf oder
tatsächlich alle dort.

Es betraf alle. Die Jugendlichen erzählten mir, dass
auch sie als Gratis-Arbeitskräfte Probleme hätten,
Praktikumsstellen zu ergattern. Ihre Ausbildung beim
BFI hatte nämlich einen entscheidenden Haken. Sie

hatten ihr Wissen aus Büchern. Nur die wenigsten von ihnen hatten praktische Erfahrung auf einer Baustelle gesammelt. Mehr Praxis hatten normale Lehrlinge vorzuweisen, die ihre Ausbildung in einem Unternehmen machten.

Nicht selten wurden die Jugendlichen vom BFI in den Märkten für faul oder für dumm gehalten, weil sie ihr Wissen aus den Büchern nicht sofort auf die konkreten Probleme der Kunden anwenden konnten. Oft wurden sie behandelt wie Sozialfälle, die quasi gnadenhalber bleiben durften.

Wie unfair, dachte ich. Was können diese Jugendlichen dafür, wenn es zu wenig Lehrstellen gibt und wenn das BFI nicht die Ressourcen hat, eine Probebaustelle zu betreiben?

Ich muss Ihnen bestimmt nicht erklären, wie sehr diese Ablehnung am Selbstbewusstsein dieser jungen Menschen nagte, die doch nur ein wenig stolz sein wollten, weil sie eine Ausbildung geschafft und einen Beruf erlernt hatten. Aber nein! Sie wurden schlechter behandelt als unqualifizierte Hilfskräfte.

Unsere Jugendlichen, meine Damen und Herren, werden einmal diejenigen sein, die jeden von uns ersetzen. Unser Nachwuchs ist es, der dieses Land einmal übernehmen wird. Er wird Österreich gestalten. Und wie behandeln wir so viele der jungen Menschen?

Wie gehen wir mit dem wertvollsten Gut um, das wir besitzen? Was, die Jugend ist nicht unser wertvollstes Gut? Ohne sie gibt es keine Zukunft, meine Damen und Herren, verdeutlichen Sie sich das bitte einmal.

Dass unsere Jugendlichen die besten Chancen überhaupt bekommen sollten, dürfte gar nicht zur Debatte stehen. Das müsste selbstverständlich sein. Ihre Talente zu fördern, zahlt sich für die Gesellschaft am allermeisten aus. Für die Unternehmen erst recht.

Nicht die Politik schafft Arbeitsplätze, sondern die Wirtschaft? Bitte kommen Sie mir nicht damit! Ein paar klare Worte Ihrerseits in der Öffentlichkeit und ein paar ernste Gespräche mit ihren Freunden in den Chefetagen der Unternehmen wären ein Anfang. Was tun Sie stattdessen? Die Jugend mit Freibier bei Parteiveranstaltungen abspeisen. Danke!

Meine Zeit als Co-Trainerin am BFI war im Nu vorbei. Die Arbeit mit den Jugendlichen hatte mir Freude gemacht, weil sie so sinnvoll war. Nach diesem Praktikum hatte ich es geschafft. Voller Stolz nahm ich mein Zeugnis entgegen. Nun war ich zertifizierte Trainerin.

Allerdings fand ich danach keinen Job als Trainerin. Warum nicht? Weil es ein Überangebot an Trainern gab und die Institute nur noch Menschen mit einem akademischen Titel oder hunderten belegten Stunden

Trainertätigkeit nehmen wollten. Woher hätte ich diese Belege nehmen sollen, wenn es nirgends eine Einstiegsmöglichkeit gibt? Ihnen, meine Damen und Herren, ist das Thema vielleicht egal oder lästig, aber ich sehe unzählige Menschen aus dem Volk jetzt nicken.

Bei Ihnen, meine Damen und Herren, ist das anders. Sie studieren etwas und dann haben Sie Ihre Netzwerke, die Ihnen die Türen öffnen. Wir können nur versuchen, gut zu sein, und wenn das nicht mehr reicht, haben wir keine Alternative.

Bei uns Trainern war es so, dass nicht mal die Institute, in denen wir unsere Ausbildung absolviert haben, uns wollten. Und da sollen wir uns nicht veräppelt vorkommen? Warum fließt unser Steuergeld in Massen-Ausbildungen, deren Absolventen eh niemand braucht? Ist wirklich keinem von Ihnen aufgefallen, dass der Arbeitsmarkt für Trainer mit der Zahl an Trainer-Ausbildungen in keinem Verhältnis mehr steht? Wissen Sie, was das ist? Das ist Misswirtschaft.

Ich war jedenfalls wieder arbeitslos und gründlich desillusioniert. Meine Chance auf eine Anstellung war ziemlich genau null. Also blieb mir nur mehr ein Ausweg. Unternehmerin werden.

Dass unsere Wirtschaft floriert, belegen Sie, meine Damen und Herren in der Politik, gerne mit Zahlen von Unternehmensgründungen. Laut Wirtschaftskammer waren es im Jahr 2016, gegliedert nach Branchen:

23.232 Gewerbe und Handwerk

7.920 Handel

5.430 Information und Consulting

2.735 Tourismus und Freizeitwirtschaft

1.469 Transport und Verkehr

42 Industrie, Banken und Versicherungen

Die Branchen, in die Sie, meine Damen und Herren in der Politik, die meisten arbeitslosen Menschen in Österreich mit dem Druck des hoffnungslosen Arbeitsmarktes quasi entsorgen, sind diejenigen mit den meisten Neugründungen: Gewerbe und Handwerk sowie Handel. Hier finden sich viele wieder, die sich entscheiden mussten zwischen Pest oder Cholera, also Sozialamt oder erzwungener Selbständigkeit.

Wissen Sie eigentlich, wer die neuen Unternehmer in unserem Land, mit denen Sie angeben, wirklich sind? Es sind Hackler, die als Einmannbetrieb bessere Stundenlöhner sind, und Sekretärinnen und die Verkäuferinnen, die als letzten Ausweg einen Laden aufmachen, in der Hoffnung damit irgendwie überleben zu können.

Auch ich habe keine andere Möglichkeit mehr gesehen, der Arbeitslosigkeit zu entkommen. Ja, ich habe mich selbständig gemacht, mit einer innovativen Idee eine Bank überzeugt, einen Kredit aufgenommen und ein Geschäft in Neunkirchen eröffnet. Ich verkaufe Gegenstände, die Menschen helfen, ihren Alltag zu bewältigen. Einstweilen – ich klopfe auf Holz – kann ich davon leben, und meine Steuern und meine Kreditraten bezahlen. Aber leicht hab ich es mit einem Geschäft in einer Kleinstadt, wie Sie sich vielleicht vorstellen können, nicht.

Umso hellhöriger wurde ich, als der Herr Bundeskanzler Kern sagte, und das nicht nur ein einziges Mal, es gäbe jetzt hervorragende Förderungen für Start-ups, ja sogar Zuschüsse zu den Lohnnebenkosten für Mitarbeiter. Lang und breit beschrieb die SPÖ das auf ihren Seiten. Von hundert Millionen Euro pro Jahr für die Gründerszene war da die Rede, und einem Plus von 10.000 bis 15.000 Jobs, die großteils in Zukunftsbranchen wie der Digitalwirtschaft oder den Biowissenschaften entstehen würden. Als kleine Unternehmerin interessierte ich mich logischerweise dafür.

Zuerst stellt sich die Frage, ob mein Geschäft überhaupt in die Gruppe fällt, die Förderungen bekommen kann. Was ist ein sogenanntes Start-up-Unternehmen überhaupt? Nun, bei Start-ups geht es nicht um das

Alter eines Unternehmens, wie ich zunächst gedacht hatte, sondern einzig um die Frage wie innovativ (neu, trendig, zukunftsweisend) ein Geschäftsmodell oder ein Produkt ist. Es geht schlicht um die Entwicklungsfähigkeit einer Idee. Je massentauglicher sich die Idee eines Unternehmers anwenden und verkaufen lässt, desto eher kommt er in den Genuss der von der Regierung angekündigten Förderungen.

Ich war skeptisch, aber der Traum von echten und nachhaltigen Förderungen war einfach zu schön. Außerdem fand ich mein Geschäftsmodell innovativ, ein vergleichbares Geschäftsmodell gab es nicht, was im Erfolgsfall zum Beispiel bedeutete, dass sich daraus eine Franchise-Kette entwickeln lassen konnte. Somit war ich per Definition eine Start-up-Unternehmerin. Ich setzte mich mit dem AWS, dem Austria Wirtschaftsservice, in Verbindung.

Als ich der Dame am Telefon erklärte habe, dass ich Start-up-Unternehmerin sei und unbedingt die neuen Möglichkeiten ausschöpfen wolle, von denen der Herr Bundeskanzler gesprochen habe, lachte sie vorerst einmal. »Ach so?«, sagte sie. »Von den Ideen des Herrn Bundeskanzlers ist mir bis dato leider noch nichts bekannt.«

Nun gut. Apparate waren schon immer etwas behäbig. Vielleicht war der politische Wille noch nicht so weit durchgedrungen. Aber lange konnte das ja nicht mehr dauern, sonst wäre das ja wohl peinlich für den Bundeskanzler. Deshalb blieb ich, wie es meine Art ist, hartnäckig, bis mir die Dame anbot, mein Konzept zu prüfen. Ich durfte es ihr schicken. Ach du meine Güte, habe ich mich darüber gefreut! Schon weil bereits viele Menschen meine Idee mit den Alltagshifen gelobt hatten. Jeder, der meinen Laden betrat, würde darin etwas finden, das sein Leben auf einfache Art besser machen würde. Kurz gesagt: Ich war voller Hoffnung.

Und was ist dabei herausgekommen? Dreimal dürfen Sie ... ach, Sie wissen es schon? Genau! Ein freundliches Schreiben, in dem stand, dass mir das AWS bezüglich meines Anliegens leider nicht helfen könne.

Habe ich mich dadurch einschüchtern lassen? Selbstverständlich nicht. Ich habe den Herrn angerufen, dessen Name ganz unten am Brief stand. Er war ziemlich erstaunt, von mir zu hören. Denn gewöhnlich fragt nach solchen Absagen niemand mehr nach.

Es war ein freundliches Gespräch und der Mann nahm sich dafür auch Zeit, das möchte ich ihm zugute halten. Denn auch das ist keine Selbstverständlichkeit mehr. Doch leider, für mein Anliegen wüsste er auch keine Lösung, stellte er bedauernd fest.

Bloß, freundliche Worte alleine und Schulterklopfer frei nach dem Motto: »Du wirst es auch so schaffen!«, bringen keinen einzigen neuen Arbeitsplatz in Österreich und sind schon gar kein Garant dafür, dass es einem Unternehmer wirklich gelingt, ein Geschäft aufzubauen.

Es bräuchte ganz dringend Förderungen in diesem Bereich. Denn die Menschen, die so engagiert und mutig sind, aus der Arbeitslosigkeit in die Selbständigkeit zu gehen, sind ein Kraftstoff für die Wirtschaft. Aber die Wenigsten sind von Anfang an echte Unternehmer. Mangels Kapital und Förderungen haben sie keine Zeit, das Nötige zu lernen, und dann sind sie pleite, obwohl die Chance da gewesen wäre.

Im Jahr 2016 waren es laut Wirtschaftskammer nicht weniger als 5.226 Konkurse in Österreich. Die Betroffenen werden noch Jahre ihres Lebens darunter leiden, dass sie im Überlebenskampf als Unternehmer keine Chance hatten oder nicht die Möglichkeit, sie zu nutzen.

So ging es Moni, einer Unternehmerkollegin, mit der ich viele dunkle Stunden durchlebt habe. Sie hat viele Jahre als Sekretärin gearbeitet, bis sie aus der Firma gemobbt wurde und dann als Mittvierzigerin ebenfalls keine Arbeit mehr fand. Aber auch ihr Leben musste weitergehen und sie sah keinen Ausweg mehr als die Selbständigkeit.

Sie investierte ihr ganzes Geld und nahm obendrein einen Kredit auf. Doch die Kunden blieben aus. Nach einem halben Jahr war sie am Ende. Sie musste Konkurs anmelden.

Lag es daran, dass ihr Geschäftsmodell nicht passte? Aber woher denn. Sie führte ein tolles Sortiment an guten Weinen, edler Wolle, leckeren Kräutersalzen und hochwertigen Ölen, und das in einer wunderschön eingerichteten Boutique.

Es waren die schwierigen Umstände, die viele Kleinunternehmer vorfinden, die auch Moni in die Knie zwangen. Lieferanten, die vorab bezahlt werden wollen, Mieten, die überhöht sind, hohe Investitionen, um das Geschäftslokal herzurichten, Standorte, die niemand pflegte, weswegen keine Kunden mehr kamen, Kunden, die nur »shoppen« gingen und dann ihren Bedarf im Internet bestellten, Steuerbelastungen, die sie kaum stemmen konnte. All das und noch tausend andere Dinge, an die niemand vorher denkt, die aber daherrauschen wie ein wilder Wasserstrudel. Kann sich jemand von Ihnen, meine Damen und Herren, auch nur im Ansatz vorstellen, wie es ihr erging, als sie ihre liebevoll zusammengestellten Einrichtungsgegenstände um einen Nepp verkaufen musste? Einiges musste Moni sogar verschenken, weil sie eine Frist bezüglich der Geschäftsrückgabe einzuhalten hatte.

Verdammt! Moni ist so eine liebenswerte, fleißige Frau, die ihr Leben lang unbescholten geblieben ist und die wirklich eine anständige Staatsbürgerin ist. Sie hat die volle Wucht unserer Gesetze zu spüren bekommen, mit einem Schlag. Wahrhaftig, das hat sie nicht verdient, denn sie hat niemandem etwas zuleide getan.

Nix darf ein Unternehmer nämlich nach so einem Konkurs noch besitzen. Alle Verträge werden ihm zu eigenen Lasten gekündigt, kein einziger Handyanbieter nimmt ihn noch, Auto weg, alles pfutsch. Moni verlor alles, ihre Wohnung, ihre Arbeit und ihr Geschäft. Sie wurde schwer krank, denn über all den bitteren Kämpfen zerbrach sie innerlich. Moni ist seitdem in psychiatrischer Behandlung.

Jeder, der sich heute traut, selbständig zu werden, dem gehört in Wahrheit die Tapferkeitsmedaille der Republik verliehen. Einfach weil er den Mut aufbringt, sich dem auszusetzen, was ihm ohne Wenn und Aber droht.

Die Selbständigkeit wird für viele Menschen zur Falle, denn so ein Konkurs ist weit schlimmer als die Langzeitarbeitslosigkeit.

Schlimmer ist es schon, wenn einem der drohende Konkurs ständig im Nacken sitzt. Ich kann wirklich niemandem einen Vorwurf machen, der lieber im sozialen Netz bleibt.

Doch Sie haben sich das Entsorgen von Arbeitslosen in die Selbständigkeit durch Reformen der Gewerbeordnung erleichtert. Früher war das Recht zur Ausübung der meisten Gewerbe an eine mehrjährige Ausbildung gebunden, angefangen beim Lehrling, der irgendwann Meister werden konnte. In den vergangenen Jahren und Jahrzehnten haben Sie, meine Damen und Herren, immer mehr Gewerbe zu freien erklärt, sodass jeder sie nun ohne Vorbildung und entsprechenden Prüfungen ausüben kann.

Und warum lässt die Wirtschaftskammer das zu? Weil sie Mitgliedsbeiträge von Massen neuer Zwangsmitglieder kriegt. Freilich ohne diese armen Einzelkämpfer als Wirtschaftstreibende sonderlich ernst zu nehmen.

Dann kommen Sie daher, Herr Bundeskanzler, und erzählen uns etwas von hunderten Millionen Euro, die Sie irgendwem als Förderung angedeihen lassen wollen. Es sind wieder nur die Ausnahmen, die davon profitieren, natürlich diejenigen, die ohnedies schon genug haben. Es ist zum Verzweifeln. Denn es tut niemandem gut, wenn die Armen immer ärmer werden und die Reichen immer reicher. Auch die Reichen haben nichts davon. Am besten lebt es sich auch für die Reichen in einem Land mit einer breiten aufstrebenden Mittelschicht und möglichst wenig Armut.

In Österreich erinnern sich noch viele Menschen daran, wie es bei uns einmal war, und wenn alle zusammenhalten würden, könnte es auch wieder so werden. Dazu brauchen wir aber echte Reformen.

Ich habe mir viele Gedanken deswegen gemacht, das dürfen Sie mir glauben, meine Damen und Herren in der Politik. Ich habe unser Problem sehr eingehend von mehreren Seiten betrachtet. Von der Seite der Angestellten, die ausgebeutet werden und den Job verlieren, von jener der Arbeitslosen, die keinen Job finden, und von der Seite der Klein- und Kleinstunternehmer, die ihre Ideen ohne Unterstützung nicht umsetzen und deshalb keine Arbeitsplätze schaffen können.

Mein Vorschlag lautet: Kleinunternehmer, die sich keine Mitarbeiter leisten und deshalb nicht wachsen können, könnten ihre Konzepte dem AMS vorlegen und von dort Mitarbeiter bekommen. Die Kleinunternehmer hätten dann zum Beispiel drei Jahre Zeit, diese Arbeitsplätze in ganz normal bezahlte umzuwandeln und den meisten Arbeitslosen wäre das sicher auch lieber, als sinnlos Bewerbungen zu schreiben.

Das AMS könnte aus den Leistungen, die diese Arbeitslosen ohnehin beziehen, auf Basis der Kollektivverträge eine faire Anzahl an wöchentlichen Arbeitsstunden errechnen. Mit saftigen Geldstrafen ließe sich ein solches System auch gut gegen Missbrauch schützen.

Den Staat würde das nicht mehr kosten, und damit das Modell auch für die Arbeitslosen attraktiver ist, sollten die Unternehmen wenigstens Urlaubs- und Weihnachtsgeld, also zwei zusätzliche Monatsgehälter auszahlen. Außerdem sollte die Zuverdienstgrenze angehoben werden, damit ein starker Anreiz besteht, auch über die errechnete Stundenzahl hinaus zu arbeiten und damit zum Gedeihen der Volkswirtschaft beizutragen.

Warum diskutiert über solche Modelle niemand? Warum hören wir solche Vorschläge nicht von Ihnen, meine Damen und Herren in der Politik, die dafür bezahlt werden, sich angesichts der Krise etwas einfallen zu lassen? Sie preisen Innovationen, aber Sie selbst bringen keine zustande.

Die Politik des Volkes

Sie haben dafür schöne Worte wie Politikverdrossenheit, aber die Wahrheit ist, dass wir Ihnen einfach nicht mehr vertrauen, meine Damen und Herren in der Politik. Was für uns auch keine angenehme Situation ist. Denn was sollen wir tun, wenn wir uns nicht mehr an Sie wenden können, die wir gewählt haben, um uns, das Volk, zu vertreten?

Ich kenne einen Mann, den Herrn Karl, der sich längst keine Hoffnungen mehr auf einen Job macht. Er ist ein gebildeter Mensch und hat wie andere auch viele Jahre Bewerbungen geschrieben. Wenn ihn heute jemand fragt, was er beruflich macht, dann sagt er, dass er ein aktiver Facebooker ist. Er hat sich mehrere Accounts zugelegt und schreibt auf allen möglichen Seiten seine Beiträge und Kommentare. Es gibt kaum ein politisches Ereignis auf der Welt, über das er nicht bestens informiert wäre. Gerne erklärt er jedem, der es wissen will, warum er bekennender Nichtwähler ist.

Dennoch fiebert er bei Wahlen in anderen Ländern so eifrig mit, wie bei einem Fußballturnier. Herr Karl holt dann seine Freunde zusammen, die mit ihm eine Wahl oder eine Abstimmung wie über den Brexit, durchaus auch einmal eine ganze Nacht lang mitverfolgen. Je nachdem feiern oder trauern sie dann mit Bier aus England oder Holland oder Wein aus Frankreich. Dabei schwingen sie die jeweiligen Landesflaggen, die es ja im Internet billig zu kaufen gibt.

Herr Karl ist ein politischer Kopf und ein Meinungsmacher, wie ihn sich jede Partei nur wünschen kann. Gut informiert und emotional engagiert. Dennoch setzt er keinen Fuß mehr in eine Wahlzelle. Er hat, verzeihen Sie mir bitte den Ausdruck, einfach die Schnauze voll von Ihnen. Naja, der Herr Karl, denken Sie? Bei der letzten Nationalratswahl waren es 1.700.000 Wahlberechtigte, die sich für niemanden von Ihnen erwärmen konnten und entweder ungültig gewählt haben oder gar nicht hingegangen sind.

Selbst die, die noch hingehen, tun es nicht aus Begeisterung. Kurz nach dem Platzen der Regierung wurde ich Zeugin eines Gesprächs in einem Lokal, in dem sich am Nebentisch zwei Männer unterhielten. Kaum fiel der Name Sebastian Kurz spitzte ich die Ohren und hörte zu.

»Na geh bitte«, sagte der Eine, »glaubst wirklich, dass sich was ändert? Kurz gegen Kern. Die haben das doch nur inszeniert, damit sie sich über die großen Themen hinüber schwindeln können. Wirst sehen, nach der Wahl, da stecken der Kurz und der Kern wieder die Köpfe zusammen.«

Sein Gesprächspartner pflichtete ihm bei. »Na eh, na sicher, na klar, …« Dazwischen zog er kräftig an seiner Zigarette.

Darauf der Eine weiter: »Schau, das war schon immer so. Was haben wir da unten schon zum Mitreden? Normalerweise tät ich nicht einmal mehr zur Wahl gehen, aber Wählen ist Pflicht.«

»Ja. Wählen ist Pflicht«, stimmte ihm der Andere zu.

Am frühen Morgen des nächsten Tages wollte ich gerade das Geschäft aufsperren, als mich von weitem ein Ehepaar grüßte, das ich kenne. Nach einem fröhlichen Hallo, beugte die Frau sich zu mir. »Na, was sagst? Jetzt hams schon wieder die Koalition geschmissen. Na die werden schön schaun, bei der nächsten Wahl. Lang schaun die Leut da nimmer zu!«

Ihr Mann pflichtete ihr gleich bei. »Ein Witz sowas, dass die nicht einmal bis zum Schluss zusammen arbeiten können. Das hätten wir uns einmal trauen sollen in der Firma. Da wären wir rausgeflogen. Aber hochkantig! Aber naja, was will man machen, du, wir hams eilig, pfiati Evelyne.«

Wahrhaftig, ich bin nur zum Hallo und Baba gekommen, so aufgekratzt waren die Beiden.

Mir war es immer schon egal, ob ein Politiker, der uns allen aus dem Schlamassel hilft, einen Buckel hat, bisexuell ist, in seiner Freizeit Frauenkleider oder beruflich einen Armani-Anzug trägt. Ja, und es dürfte gerne auch eine Frau sein. Hauptsache, wir könnten endlich wieder berechtigt hoffen, dass sich die Dinge zum Guten wenden. Und zwar für uns alle. Aber bei Ihnen, meine Damen und Herren, die Sie da miteinander sinnlos herumstreiten, können wir nicht einmal mehr erkennen, wer Sie wirklich sind und wofür Sie politisch wirklich stehen.

> *Sie enttäuschen so viele Menschen, weil Sie für nichts mehr einstehen, nicht einmal für sich selbst. Das ist wirklich traurig.*

Was ich meine, möchte ich Ihnen anhand der letzten Rede von Herbert Kickl vor der Sommerpause 2017 im Parlament verdeutlichen. Er hat Ihnen mit dem Rohrstaberl gedroht. Seiner Meinung nach braucht es das, damit Sie Ihre Versprechen einhalten.

Ich dachte bis dahin, die Zeiten wären vorbei, in denen Menschen mit dem Rohrstaberl gefügig gemacht wurden.

Aber wissen Sie, was noch beschämender war als Kickls Entgleisung? Was ich als noch ärger, noch schlimmer, noch mehr zum Genieren empfunden habe, als diese peinliche Androhung? Dass Sie mit hängenden Köpfen da saßen wie ein paar Kinder, die

Schelte bekommen. Ich dachte ehrlich, ich verkrieche mich, als ich das sah.

Wenn mir Herr Kickl so gekommen wäre, meine Damen und Herren in der Politik, ich hätte die Würde des Parlaments verteidigt. Ich hätte ihn zurecht gewiesen. Ich hätte ihn des Hauses verwiesen.

Ja darf denn so etwas wahr sein? Sie regeln mit Gesetzen, wie wir uns zu verhalten haben, wenn uns einmal der Unmut packt, und im Umgang untereinander gehört eine Drohung mit dem Rohrstaberl auch schon zum normalen Umgangston? Schöne Vorbilder sind Sie! Wer soll vor euch noch Respekt haben? Pardon, vor Ihnen, meine Damen und Herren in der Politik?

Ich glaube, Sie haben den Respekt vor sich selbst verloren. Mit Ihrem ewigen Hick-Hack wollen Sie sich profilieren, aber nichts von dem hat Bedeutung. Sie stehen für nichts mehr ein. Weil Sie keine Überzeugung mehr haben. Genau das spüren wir, das Volk.

Deswegen gehen Sie in Deckung, wenn zum Beispiel massenhaft Flüchtlinge kommen, und lassen uns, das Volk, damit selbst klarkommen. Wir, das Volk, entwickeln dazu verschiedene Ideen. Denn während Sie nur noch dafür stehen, dass die jeweils andere Partei nicht gewinnen darf, sind wir noch zu Überzeugungen fähig.

Ich habe das Gefühl, dass Sie, meine Damen und Herren in der Politik, trotz Ihres unaufhörlichen Geschnatters noch nie so sprachlos waren wie heute. Sie lassen leere Phrasen hören, aber am Abwärtstrend, den wir alle spüren, ändern Sie damit genau gar nichts.

Doch wie sollen wir weiterkommen, wenn Sie, auf die es ankommt, einfach nicht aufwachen wollen? Wenn Sie sich anstellen, als wäre Ihnen Österreich und wir, das Volk, so egal wie das berühmte Fahrrad, das gerade in China umgefallen ist?

Da Sie gar so ratlos erscheinen, hier eine Frage an Sie, meine Damen und Herren.

Warum halten sih an der Spitze mancher Staaten nicht selten richtige Trottel, und das auch noch echt lange, obwohl sie nichts weiterbringen, und irgendwann dann meistens auch noch zum Größenwahn neigen?

Wieso folgen ihnen ihre Bürger oft bis ins Verderben und verherrlichen sie, obwohl diese Staatschefs sie bevormunden und knechten, sie sogar in ihrer Freiheit beschneiden und der Rest der Welt sie verlacht?

Weil diese Staatschefs ihrem Volk ein Wir-Gefühl geben, und weil das, ich gebe es zu, einfach wohltut. Diese Anführer sagen: Ich bin einer von euch. Ich hungere wie ihr. Ich habe dieselben Sorgen wie ihr. Ich beschütze euch vor Feinden und Fremden. Ich bete mit und für euch. Ich beschütze euch mit allen mir zur Verfügung stehenden Mitteln.

In den wenigsten Fällen hungern diese Staatschefs tatsächlich mit ihren Bürgern, weil sie selbstverständlich auf deren Kosten ihre Speicher gefüllt haben, doch sie sagen es trotzdem und es funktioniert, unabhängig davon, ob hinter diesem Wir-Gefühl eine einzelne Person steht, eine Partei oder ein Regime.

In dem Augenblick, in dem jemand, der ganz vorne steht, glaubwürdig vermittelt, den Auftrag und Willen seines Volkes zu dessen Wohl umzusetzen, hat er schon gewonnen.

Er muss nur »einer von ihnen sein« und den Arsch in der Hose haben, dann hat er alle Loyalität und Nachsicht, die er sich wünscht und die er braucht, um lange ganz oben zu bleiben.

Die amerikanischen Präsidenten weinen in der Regel öffentlich im Fernsehen mit ihren Leuten, wenn diese ein kollektives Unglück ereilt, und sehr oft auch im Wahlkampf als Dankeschön für den erhaltenen Applaus.

In anderen Ländern trägt der Staatschef aus Gründen der Solidarität nur Uniform, auch wenn er sich tausend Armani-Anzüge leisten könnte. Solche Staatschefs vermitteln Größe, weil sie über dem Hick-Hack stehen. Sie sind ganz oben, weil ihre Füße ganz unten fest am Boden stehen. Sie vermitteln ihrem Volk das Wichtigste:

Ich bin wie ihr und ich fühle wie ihr.

Und Sie, meine Damen und Herren? Wer von Ihnen war schon einmal bei Billa einkaufen, sagen wir in den vergangen zwei Jahren? Okay, meinetwegen, ich will es Ihnen glauben. Aber wer von Ihnen hat dabei auf die Preise geachtet und sich gefragt, was sie für Menschen bedeuten, die nicht Ihr Salär haben? Wer von Ihnen »hungert« mit uns?

Kennen Sie diese Menschen, die ihr Büro mit Fotos von ihren Familien vollstopfen, dauernd von ihren Frauen und ihren Kindern sprechen, in Wirklichkeit aber nie daheim sind? So kommen Sie mir vor. Sie reden über uns und gaukeln Gemeinsamkeiten vor, aber Sie sind nie daheim, und das aus Gründen, die wir nicht nachvollziehen können. Sie lassen uns im Stich. Und Sie wollen Volksnähe zeigen? Ha! Da lachen ja die Fabrikshühner in ihren Stahlkäfigen.

In Österreich versucht sich FPÖ-Chef Heinz Christian Strache an Sagern wie »Ich muss nicht so sein, wie die anderen Parteien es von mir verlangen, ich muss so sein, wie mein Volk es von mir verlangt.« Straches Chefstratege Herbert Kickl formuliert derlei sicher gut für ihn, aber bei einem Aufwiegler und Spalter wie Strache entsteht halt trotzdem kein gemeinsames Wir des Friedens und der Sicherheit sondern ein gespaltenes Wir der Feindschaft gegen austauschbare Andere.

SPÖ-Chef Christian Kern kam in einem Video als Pizzabote zu uns, dem Volk, aber wir, das Volk, wissen nicht so genau, ob das jetzt clevere politische Inszenierung oder doch nur eine Lachnummer war.

ÖVP-Chef Sebastian Kurz versucht sich konsequent in einer Art gesellschaftsfähigem Rechtspopulismus, aber irgendwie kommt er immer wie ein perfekt geschulter Schauspieler rüber. Eine Fassade mit Kälte dahinter.

Die Grünen und die Neos scheinen Nähe zum Volk überhaupt für etwas Verwerfliches und irgendwie Primitives zu halten, vielleicht, weil sie uns, das Volk, in Wirklichkeit primitiv finden.

Unter dem Strich gibt es niemanden unter Ihnen, der sein Ohr wirklich bei uns hat oder der das zumindest glaubwürdig vermittelt. Wir werden trotzdem einen von Ihnen zum neuen Bundeskanzler wählen. Wie immer. Das geringere Übel.

Über den Mangel an Begeisterung dürfen Sie sich nicht wundern. Sie, die dieses Land seit Jahren regieren, schauen zu, wie wir hier in unserer Perspektivenlosigkeit ersaufen.

Anstatt die echten Lösungen zu finden, die es trotz aller Komplexität der Welt, trotz aller Globalisierung und Digitalisierung gibt, zittern sie vor dem Bedürfnis breiter Wählerschichten nach einem starken Mann. Warum zeigen Sie nicht selbst Charisma, indem Sie die wirklichen Probleme angehen und lösen?

Die Sozialmarkt-Kunden, die Obdachlosen, die zugewanderten Österreicher und ihre Nachkommen, die Armen, die nicht einmal mehr ihren Strom bezahlen können, die Arbeitslosen, die Menschen mit Beeinträchtigungen, all das sind Ihre Wähler, denen Sie Ihre Ämter verdanken.

Das wissen Sie doch, oder nicht? Und wenn Sie es wissen, warum handeln Sie nicht danach? Gewählt hat Sie nicht nur die High Society, die Ihnen nach einem Wahlerfolg den Hof macht und mit Ihnen zum Lunch geht. Gewählt hat Sie nicht nur Ihre Freunderlpartie, die Sie als Dankeschön für den gespendeten Dauerapplaus protegieren.

Was ist mit uns, dem Volk, den Millionen von Stimmen? Was ist mit den Menschen, die ihre Hoffnung in Sie setzen, weil sie keine andere Hoffnung mehr haben?

Wir spüren es nach jeder Wahl. Uns vergessen Sie.

Sie haben keine Ahnung, wer wir sind und wie wir leben. Selbst diejenigen unter Ihnen wissen es nicht, die damit prahlen, aus einfachen Verhältnissen zu stammen.

Wir Österreicher haben gelernt, den Unterschied zwischen Ihren Taten und Ihren Worten zu erkennen. Wir haben uns in gewisser Weise sogar daran gewöhnt, uns leere Worte als politisches Geschick verkaufen zu lassen, sodass wir nicht so sehr Sie persönlich sondern eher die Politik an sich als schmutziges Geschäft verachten.

Doch ich will das trotzdem nicht so einfach hinnehmen. Ich glaube tief und fest an persönliche Verantwortung und frage mich, ob es eine Besinnung Ihrerseits geben kann, ein Umdenken, oder ob es wie in anderen Ländern auch bei uns zu gewalttätigen Demonstrationen kommen wird, die Sie auf diese Art heraufbeschwören. Wenn es so kommt, dann werden sich die Menschen nur deshalb gegenseitig verprügeln, weil Sie politisch versagt haben. Denn im Grunde genommen sind gewaltsame Auseinandersetzungen nur eine Fortsetzung Ihres Hick-Hacks mit anderen Mitteln.

Es wird zum Teil Ihre Wut auf Ihre politischen Gegner sein, die sich da ausdrücken wird, und die viele Menschen für ihre eigene halten werden. Es ist zum Teil Ihre Aggressivität und Ihre Härte, die uns zunehmend aggressiv und hart macht, gegeneinander und gegen fremde Menschen, die uns gar nichts getan haben.

Und wer muss für Sie den Kopf hinhalten, wenn es dann wirklich hart auf hart geht? Unsere Exekutive. Meiner Seel! Diese Frauen und Männer sind es, die geschlagen, getreten und bespuckt werden, wenn der Hass in die Menschen fährt und sich entlädt. Wie käme die Polizei eigentlich dazu, für Ihre Fehler, Ihre Misswirtschaft und Ihre Feigheit so etwas auf sich zu nehmen?

Ich wünsche mir von ganzem Herzen, dass es in unserem friedlichen Österreich nie zu solcher Gewalt kommt. Ich wünsche mir vielmehr, dass wir uns als Volk über alle Partei- und sonstigen Grenzen hinaus solidarisieren.

Denn wenn wir, das Volk, uns nicht spalten lassen, geht alle Macht tatsächlich von uns aus. Ich wünsche mir, dass wir als geeintes Volk ein paar Punkte formulieren, die eine bei weitem überwiegende Mehrheit ganz oben auf der politischen Agenda haben will. Daran können wir Sie dann messen. Damit können Sie zeigen, ob Sie unsere Stimme verdienen oder fehl am Platz sind.

Die Ärzte haben es 2016 vorgemacht. Sie haben sich auf eine Agenda geeinigt, die Arbeit niedergelegt und siehe da, auf einmal wurde vernünftig geredet. Haben Sie Angst davor? Dass wir als Volk uns einigen, uns nicht verbal oder in Zukunft womöglich sogar in echt die Köpfe einschlagen, mit Ihnen als grinsende Zaungäste? Dass wir Sie mit einer eigenen Agenda in die Pflicht nehmen? Dass Sie dann zum Beispiel wirklich Arbeitsplätze schaffen müssen, statt sich mit der Globalisierung oder der Digitalisierung herauszureden und sich auf den Unwillen der Wirtschaft zu berufen?

Vielleicht ist das ja mehr als eine schöne Vision. Denn die Misere, die Sie heraufbeschworen hat, hat auch ein paar Vorteile.

Immer mehr Menschen erkennen, dass es so nicht weitergehen kann.

Immer mehr Menschen erkennen, dass es fundamentale Anliegen gibt, die eine überwältigende Mehrheit miteinander teilt.

Immer mehr Menschen erkennen, dass von der Umsetzung dieser Anliegen alle profitieren würden, nicht nur die Armen

sondern auch die Reichen, die dadurch viel mehr zurückbekä-
men als ihnen genommen würde.

In der Widmung zu diesem Buch heißt es: »Weil ich
euch liebe.« Ich liebe euch, die ihr wie ich das Volk
seid, meine ich damit. Es gibt so viele wunderbare
Menschen in diesem Land, die guten Willens sind. Die
sich nicht unterkriegen lassen. Die tagein, tagaus die
Ärmel aufkrempeln und das Beste draus machen.

Wir alle sehen tagtäglich im Fernsehen, wie es auf
der Welt zugeht. Wenn ich solche brutalen Bilder zu sehen bekomme, bete ich. Ja ich weiß, das ist ganz unmo-
dern und es passt nicht in unsere allzu nüchterne Welt.
Trotzdem. Ich kann nicht anders. Bei Szenen, für die
es manchmal einfach keine Worte mehr gibt, keine der
Beurteilung und keine der Verurteilung, keine des Ver-
ständnisses aber auch keine der Verachtung, in solchen
Momenten bete ich. Für uns alle.

Ich bete in diesem Fall auch für Sie, meine Damen
und Herren in der Politik. Bitte erinnern Sie sich. Jemand in Ihrem Leben hat dafür gesorgt, dass aus Ihnen
etwas wird und war stolz auf Sie, als Sie zum Spitzen-
politiker aufstiegen. Mit Ihnen sollte es Österreich besser gehen. Doch es geht drunter und drüber, und Sie
fühlen sich nicht zuständig, denn es waren ja immer
die jeweils Anderen, die alles verbockt haben.

Beweisen Sie also bitte endlich, dass Sie nicht vergessen haben, woher Sie kommen, nämlich aus unserer Mitte, aus der Mitte des Volkes. Vergessen Sie die Streitereien, die Beschwichtigungen und die populistischen Töne. Kommen Sie endlich heim.

Und dann gehen Sie gestärkt wieder an Ihre Arbeit. Für Österreich. Für uns, das Volk.

FRANZ VRANITZKY

ZURÜCK ZUM RESPEKT

Überleben in einer chaotischen Welt

edition a

Franz Vranitzky, Peter Pelinka
Zurück zum Respekt
Überleben in einer chaotischen Welt

Politik und Medien verlieren an Glaubwürdigkeit, die
Demokratie ist angeschlagen, die guten Sitten verfal-
len, Familie und Kirche bieten kaum noch Halt und daran, dass die Zukunft besser wird, will niemand mehr
richtig glauben. Wie konnte es so weit kommen? Und
was kommt als nächstes? Franz Vranitzky ordnet das
Chaos. Dabei zeigt er anhand von Beispielen aus seiner
Lebenserfahrung, warum wir gerade jetzt zu den Wer-
ten der Aufklärung wie Rationalität, Toleranz, Solidarität und Respekt zurückkehren sollten, und was sie in der
Politik, im öffentlichen Diskurs sowie jedem Einzelnen
bringen.

ISBN 978-3-99001-229-1
160 Seiten, EUR 19,95

RAMAZAN
DEMIR

IMAM
HINTER
GITTERN

**Ein muslimischer
Gefängnisseelsorger
erzählt, was in der
Seele radikaler
Muslime vorgeht**

edition a

Ramazan Demir

Imam hinter Gittern

Ein muslimischer Gefängnisseelsorger erzählt,
was in der Seele radikaler Muslime vorgeht

Ein junger Muslim im Strafvollzug glaubt, dass er alles
richtig gemacht hat. Er hat seine Schwester umgebracht,
weil sein Großvater es ihm aufgetragen hat. Ihr Lebens-
stil hatte dem alten Mann nicht gefallen. Als Ramazan
Demir mit dem wegen Mordes Verurteilten über den Ko-
ran spricht und ihn nach den Stellen fragt, die sein Handeln rechtfertigen, bricht der Junge in Tränen aus. Erst
jetzt begreift er, dass es seine Schwester nicht mehr gibt.
Imam Ramazan Demir blickt jeden Tag in die Seelen radikaler Muslime und zeichnet mit vielen anonymsierten
Beispielen ein ebenso authentisches wie unerwartetes
Bild von den Menschen, vor denen die Welt zittert.

ISBN 978-3-99001-239-0
208 Seiten, EUR 21,90